COL

• Des liv

– passer quinze jours en compagnie d'un maître spirituel à la manière de ces temps de retraite qui ouvrent une brèche dans notre univers quotidien.

• Des **livres pratiques**

– un rappel biographique en début de volume
– un itinéraire balisé en introduction
– une entrée dans la prière répartie sur les quinze chapitres de l'ouvrage
– pour aller plus loin, une bibliographie expliquée.

• Des **livres accessibles**

– un ressourcement qui va à l'essentiel pour des chrétiens actifs
– une information donnée de l'intérieur pour un public plus large.

DANS LA MÊME COLLECTION

1. Philippe Ferlay, ***Le Christ-Prêtre***
2. Gabriel-Marie Garrone, ***Le Concile Vatican II*** (traduit en portugais au Portugal)
3. Claude Morel, ***François de Sales*** (3e édition, traduit en anglais aux États-Unis, en italien, en polonais, en tchèque, et en anglais en Inde) – fête le 24 janvier
4. Constant Tonnelier, ***Jean de la Croix*** (4e édition, traduit en anglais aux États-Unis, en italien, en polonais, en portugais au Portugal et en tchèque) – fête le 14 décembre
5. Georges Rotheval, ***Marie Noël*** (2e édition)
6. André Pinet, ***Jean Tauler*** (traduit en anglais aux États-Unis et en tchèque)
7. Robert Schiélé, ***Don Bosco*** (2e édition, traduit en italien, en polonais et en tchèque) – fête le 31 janvier
8. Suzanne Vrai et André Pinet, ***Thomas d'Aquin*** (traduit en anglais aux États-Unis et en portugais au Portugal) – fête le 28 janvier
9. Pierre Blanc, ***Le Curé d'Ars*** (3e édition, traduit en polonais, et en portugais au Portugal) – fête le 4 août
10. André Gozier, ***Maître Eckhart*** (2e édition, traduit en anglais aux États-Unis, en tchèque et en polonais)
11. Jean Abiven, ***Thérèse d'Avila*** (3e édition, traduit en anglais aux États-Unis, en hongrois, en portugais au Portugal, en portugais au Brésil et en coréen) – fête le 15 octobre
12. André Dupleix, ***Pierre Teilhard de Chardin*** (2e édition, traduit en anglais aux États-Unis, en italien et en portugais au Portugal)
13. Thaddée Matura, ***François d'Assise*** (2e édition, traduit en anglais aux États-Unis, en italien, en espagnol, en polonais, en tchèque, en portugais au Portugal et en portugais au Brésil) – fête le 4 octobre
14. André Gozier, ***Saint Benoît*** (2e édition, traduit en anglais aux États-Unis et en italien) – fête le 11 juillet
15. Pierre-Yves Émery, ***Saint Bernard*** (2e édition, traduit en anglais aux États-Unis) – fête le 20 août
16. Michel Lafon, ***Charles de Foucauld*** (3e édition, traduit en anglais aux États-Unis, en italien et en polonais)

17. Jean-Marie Ségalen, ***Saint Alphonse de Liguori*** (traduit en portugais au Brésil et en lituanien) – fête le 1er août
18. Jaime García, ***Saint Augustin*** (3e édition, traduit en anglais aux États-Unis, en espagnol, en lituanien, en polonais et en italien) – fête le 28 août
19. Constant Tonnelier, ***Thérèse de Lisieux*** (3e édition, traduit en anglais aux États-Unis, en polonais et au Brésil en portugais) – fête le 1er octobre
20. Chantal van der Plancke et André Knockaert, ***Catherine de Sienne*** (2e édition, traduit en anglais aux États-Unis, en arabe, en lituanien, en néerlandais, en polonais, en portugais au Portugal, en roumain et en tchèque) – fête le 29 avril
21. Véronique Pinardon et Jean Bulteau, ***Louis-Marie Grignion de Montfort*** (traduit en lituanien et en polonais) – fête le 28 avril
22. Gérard Dufour, ***Marguerite-Marie*** – fête le 16 octobre
23. André Gozier, ***Thomas Merton*** (traduit en anglais aux États-Unis, en polonais et en tchèque)
24. Cardinal Paul Poupard, ***Paul VI***
25. Marc Donzé, ***Maurice Zundel*** (3e édition, traduit en tchèque)
26. Joseph Pyronnet et Charles Legland, ***Gandhi*** (traduit en italien)
27. François Vayne, ***Bernadette*** (2e édition, traduit en anglais aux États-Unis) – fête le 18 février
28. Matthieu Arnold, ***Luther***
29. Bernard Pitaud, ***Madeleine Delbrêl*** (2e édition, traduit en italien)
30. Christian Delorme, ***Martin-Luther King***
31. Michel Lafon et les Petites Sœurs de Jésus, ***Petite Sœur Magdeleine de Jésus***
32. Benoît Lobet, ***Georges Bernanos***
33. Henri-Marie Manteau-Bonamy, ***Marthe Robin*** (2e édition)
34. Jacques Gauthier, ***Patrice de La Tour du Pin***
35. Benoît Rivière, ***Edmond et Marie Michelet*** (2e édition)
36. Marie-Thérèse de Maleissye, ***Marie de la Passion*** (fondatrice des Franciscaines Missionnaires de Marie) (traduit en anglais en Inde et en vietnamien)
37. Didier Dastarac, ***Jeanne d'Arc*** – fête le 30 mai
38. Alain Quilici, ***Saint Dominique*** – fête le 8 août
39. Jean Roche, ***Marcellin Champagnat*** (fondateur des Frères Maristes) – fête le 6 juin
40. Marie-Thérèse Boulinguier et Marie-Françoise Toulouse, ***Nicolas Barré*** – fête le 21 octobre

41. Gilles BEAUDET, ***Jean-Baptiste de La Salle*** – fête le 7 avril
42. Francine de LA GORCE, ***Le père Joseph Wresinski*** (fondateur du Mouvement ATD Quart Monde)
43. François BÉCHEAU, ***Ignace de Loyola*** – fête le 31 juillet
44. Jean RÉMY, ***Élisabeth de la Trinité*** – fête le 8 novembre
45. Jean-Pierre RENOUARD, ***Saint Vincent de Paul*** – fête le 27 septembre
46. Michel DUPUIS, ***Edith Stein*** – fête le 9 août
47. Jean-François de LOUVENCOURT, ***Le père Kolbe*** – fête le 14 août
48. Jean-François SOUBRIER, ***Sainte Jeanne de France*** – fête le 4 février
49. Roger BICHELBERGER, ***Guillaume-Joseph Chaminade*** (fondateur de la Famille marianiste) – fête le 22 janvier
50. Cardinal ETCHEGARAY, ***Jean XXIII*** – fête le 11 octobre
51. Jean-François PETIT, ***Emmanuel Mounier***
52. Jean-Marie LÉVRIER-MUSSAT, ***Mgr Rodhain*** (fondateur du Secours Catholique)
53. Bernard DULLIER, ***Eugène de Mazenod*** (fondateur des Oblats de Marie Immaculée, évêque de Marseille) – fête le 21 mai
54. Une moniale de la Chartreuse Notre-Dame, ***Saint-Bruno*** (fondateur des Chartreux) – fête le 6 octobre

En couverture :

Portrait de saint Augustin par Sandro Botticelli, 1480, église Ognisanti, Florence

Composition : PAO Nouvelle Cité

37, avenue de la Marne, 92120 Montrouge
ISBN 2-85313-343-5
ISSN 1150-3521

Prier 15 jours avec

SAINT AUGUSTIN

ou

La Voix du cœur

par Jaime García, o.s.a.

TROISIÈME ÉDITION

Nouvelle Cité

SIGLES UTILISÉS

Conf.	Confessions
Cont. Faust. Manich	Contre Fauste, le Manichéen
De agone christ.	Le Combat chrétien
De cat. rud.	La Catéchèse des ignorants
De civ. Dei	La Cité de Dieu
De div. qu.	Des quatre-vingt-trois Questions
De doct. christ.	La Doctrine chrétienne
De mendat.	Le Mensonge
De mor. eccl. cath.	Les Mœurs de l'Église catholique
De ord.	L'Ordre
De ser. Dmi. in monte	Explication du Sermon sur la Montagne
De Trinit.	La Trinité
De vera rel.	La Vraie religion
De virg.	La Virginité
En. in ps.	Sermons sur les Psaumes
Ep.	Lettres
In Joh. ep.	Traités sur la Première Lettre de saint Jean
In Joh. ev.	Traités sur l'Évangile de saint Jean
Reg.	Règle de Saint Augustin
Ser.	Sermons
Sol.	Soliloques

Les citations de saint Augustin sont normalement tirées des *Œuvres de saint Augustin*, coll. « Bibliothèque Augustinienne » ; quelques autres ont été prises dans le reste des œuvres indiquées dans la bibliographie (voir p. 125) et la traduction de certaines d'entre elles a été revue par l'auteur de cet ouvrage.

INTRODUCTION

> *« Soyez la demeure de Dieu et Dieu sera votre demeure. Qu'il habite en vous et vous habiterez en Lui »*
> (En. in ps. 30, II, 3,8).

La prière est un dialogue intime, profond, avec le Seigneur : parler à Dieu tout comme l'on parle au meilleur des amis. En présence de Dieu saint Augustin médite, s'interroge, interroge Dieu. Plus encore, il s'adresse à Dieu comme l'enfant s'adresse à sa maman : *« Et je babillais avec Toi »* (Conf. IX, 1,1), dira-t-il. Nous devons donc nous approcher de la prière de saint Augustin à la lumière de l'amitié car la prière est pour lui une amitié qui se dit, une amitié qui s'exprime : *« Ta prière est un entretien avec Dieu »* (En. in ps. 85,7). Mais la prière est pour lui bien plus qu'un dialogue avec des mots ; elle est surtout un dialogue de vie. En elle Dieu se donne à nous et nous nous donnons à Dieu.

Il est certain que saint Augustin a été formé à la prière par sa mère sainte Monique. Même tout petit il prie déjà Dieu de tout son cœur.

> *« Tout enfant, je me suis mis à te prier toi, mon secours et mon refuge, et c'est pour t'invoquer que je rompis les liens de ma langue, et je te priais, tout petit, avec une ardeur qui n'était pas petite, de n'être pas battu à l'école »* (Conf. I, 9,14).

Or, il est de tout intérêt d'accompagner saint Augustin dans son évolution dans la prière car les démarches qu'il a faites pour entrer dans une vraie prière sont nos propres démarches. Nous nous rencontrons en lui. Saint Augustin est un vrai maître de prière : il prie et il nous apprend à prier.

Il est certain que quand nous commençons à prier nous sommes bien souvent pris par nous-mêmes, par nos besoins, et nous parlons à Dieu de nous : nous lui demandons des choses, même des explications sur les événements qui nous arrivent. C'est la prière d'Augustin enfant, la prière d'Augustin avant sa conversion. A ce moment-là nous sommes trop centrés et concentrés sur nous-mêmes et nous cherchons à mettre Dieu à notre service.

> *« Dieu veut un culte désintéressé, un amour gratuit, c'est-à-dire un amour pur. Il ne veut pas être aimé parce qu'il donne quelque chose hors de lui, mais parce qu'il se donne lui-même.. Celui qui invoque Dieu pour devenir riche n'invoque pas Dieu ; il invoque ce qu'il veut voir venir à lui. Car invoquer, c'est appeler à soi. Quand tu dis : Dieu, donne-moi la richesse, tu ne veux pas que Dieu lui-même vienne à toi ; tu veux que la richesse vienne à toi. Ce que vous voulez voir venir à vous, c'est cela que vous invoquez. Si au contraire vous invoquez Dieu, c'est lui-même qui viendra à vous et qui sera votre richesse. Mais en réalité, tu veux avoir ton coffre bien garni et ta conscience vide. Dieu ne remplit pas les coffres mais les cœurs »* (En. in ps. 52,8).

Pour prier et bien prier, il nous faut commencer par nous détacher de nous-mêmes et ne regarder que Dieu tout seul. La prière est l'expression de l'amour. Là où l'amour manque, la prière se fait impossible. On apprend à prier comme on apprend à aimer. La prière, la vraie prière, est toute orientée vers Dieu. Mais orienter tous nos désirs vers Dieu est l'effet de la conversion. Voilà pourquoi nous ne devons jamais séparer prière et conversion. La conversion d'Augustin a été une conversion à la prière.

Saint Augustin a vécu sa conversion, comme par ailleurs sa

prière, comme une conversion à l'accueil. A partir de sa conversion il ne cessera pas de se mettre à l'écoute de Dieu dans l'Écriture et dans les événements de la vie. Il fera de sa vie une méditation permanente. S'il consacre tant d'heures à l'étude de l'Écriture, ce n'est pas pour chercher des informations ou pour faire des recherches scientifiques, mais pour ressentir Dieu qui lui parle, qui s'adresse à lui comme un ami s'adresse à son ami.

> « *Ta prière est un entretien avec Dieu. Quand tu lis, c'est Dieu qui te parle ; quand tu pries, c'est avec Dieu que tu parles* » (En. in ps. 85,7).

Tout le problème de la prière pour saint Augustin sera de ressentir l'amour de Dieu à notre égard. La prière est l'expression d'une amitié ; c'est une amitié qui se dit, qui prend la forme d'un entretien. Mais notre amour à l'égard de Dieu n'est pas premier. Aime celui qui, tout d'abord, se sent aimé. Et Dieu nous a aimés le premier et nous donne de quoi aimer. La prière est réponse à cet amour que Dieu nous montre.

Et Dieu nous parle, Dieu nous dit son amour au plus profond de notre cœur. Pour écouter Dieu il nous faut donc entrer dans le cœur. L'intériorité, le recueillement sont absolument nécessaires pour prier. Saint Augustin ne cesse de nous inviter à entrer dans le cœur, car c'est là où le Christ, Maître intérieur, nous parle, nous instruit.

> « *Le Christ est au-dedans de toi, c'est là sa demeure. Présente-lui ta prière, mais ne crie pas comme s'il était loin. Elle n'est jamais loin, la Sagesse de Dieu… Oui, il est au plus profond de toi-même : laisse couler ta prière devant lui et il entendra* » (En. in ps. 141,4).

Or, pour prier et bien prier nous devons savoir aussi modeler notre prière sur la prière de Jésus, sur le *Notre Père*. Le *Notre Père* est une prière et une vraie école de prière. Les demandes qui y sont formulées sont la lumière qui permet de discerner ce que nous devons demander à Dieu.

> «*Nous sommes libres, en priant, de dire, avec d'autres mots, les mêmes choses; mais nous ne le sommes pas de dire d'autres choses*» (Ep. 130,22).

Le *Notre Père* purifie donc nos demandes et à la fois nous révèle ce que nous sommes et ce que nous devons être. En lui nous faisons la vérité de nous-mêmes.

Mais pour bien prier le *Notre Père*, modèle de toute vraie prière, nous devons être habités par l'Esprit de Jésus et prier comme il prie. Or, l'Esprit de Jésus, l'Esprit Saint est par ailleurs l'âme de l'Église, l'âme de toute communauté chrétienne. Si nous voulons donc prier, nous devons être animés par l'Esprit Saint et nous le serons dans la mesure de notre appartenance à la communauté ecclésiale.

Une des toutes premières conditions pour prier est justement celle dont nous avons besoin pour que nos relations soient de qualité: savoir ouvrir notre cœur aux autres comme savoir les accueillir. Celui qui n'a besoin de personne, celui qui fait sa vie, enfermé dans ses propres possibilités, n'écoutera personne, moins encore Dieu.

Il est certain que le Seigneur nous demande de prier sans cesse. La prière est la vie de l'âme. Cesser de prier, c'est cesser d'aimer, cesser de vivre. Cependant prier n'est pas dire sans interruption des prières, mais faire que le désir de notre cœur ne cesse d'être orienté vers Dieu. Prier, c'est désirer Dieu.

> «*Ton désir lui-même, c'est ta prière et, si continuel est ce désir, continuelle est ta prière… Si tu ne veux pas cesser de prier, ne cesses pas de désirer. Ton désir est continuel? continuelle est ta voix. Tu ne te tairas que si tu cesses d'aimer*» (En. in ps. 37,14).

Saint Augustin prie et nous apprend à prier. Et pour nous

apprendre à prier il a écrit ses Confessions. Il nous demande de les lire comme il les a écrites : comme une prière, comme un chant de louange.

> « *Que l'âme fraternelle aime en moi ce que tu apprends à aimer, et qu'elle déplore en moi ce que tu apprends à déplorer... Que des hymnes et des larmes montent à la fois en ta présence, venant des cœurs fraternels qui sont tes encensoirs* » (Conf. x, 4,5).

***

Ces entretiens ne sont pas et ne prétendent pas être un exposé complet et systématique de la pensée de saint Augustin sur la prière. Ce n'est pas leur but. Il sont des percées sur quelques thèmes chers à saint Augustin pour que, conduits de sa main, nous puissions, à sa lumière, prier comme il a prié. Saint Augustin nous parle toujours au fond du cœur. Il enflamme celui qui l'approche.

PRÉPARE-TOI À ACCUEILLIR LE SEIGNEUR

> *« C'est toi qui fais que Dieu soit loin ou proche. Aime et Il s'approchera. Aime et Il habitera en toi »* (Ser. 21,2).

« Ta prière est un entretien avec Dieu » (En. in ps. 85,7). Pour nous entretenir avec quelqu'un, il nous faut tout d'abord le ressentir tout près de nous. Et voilà que bien souvent nous ne ressentons pas Dieu. Quand nous lui parlons il nous semble absent, loin de nous et que nos paroles tombent dans le vide.

Et pourtant saint Augustin ressent Dieu tout près de lui. Il s'adresse à Lui comme l'enfant s'adresse à son papa : *« Et je babillais avec toi, ma clarté, ma richesse, mon salut, Seigneur mon Dieu »* (Conf. IX, 1,1). Et en présence de Dieu Augustin médite, s'interroge, multiplie les interrogations. Tout lui parle de Dieu et il ne cesse de parler à Dieu. Dieu n'est pas pour lui une réalité abstraite, mais une personne à laquelle on peut vraiment parler. Dieu a un cœur qui bat comme notre cœur. Plus encore, Dieu fait route avec nous. La volonté et le désir de Dieu est d'être avec nous. Voilà pourquoi il aime s'appeler "Emmanuel", *Dieu-avec-nous.* Et Saint Augustin est vraiment très sensible à cette présence vivante et amicale de Dieu. Il ressent Dieu tout près de lui, tout près de nous.

> *« Vous êtes la vie des âmes, la vie des vies. Vous êtes au-dedans de moi, plus profondément que mon âme la plus profonde »* (Conf. III, 6,10).

Et pourtant saint Augustin n'a pas toujours ressenti cette

présence de Dieu dans sa vie. Il nous faut donc faire l'analyse de ses difficultés à prier ou, tout au moins, les conditions pour prier et bien prier Dieu. Les difficultés de prier de saint Augustin sont nos propres difficultés. Nous nous rencontrons en lui.

Pour prier et bien prier il ne suffit pas que Dieu nous parle, que Dieu s'adresse à nous. Il est absolument nécessaire que nous soyons sensibles à sa présence, que nous le ressentions tout près de nous. Or, bien souvent, cette sensibilité nous manque ; nos yeux deviennent aveugles à sa présence et nos oreilles sourdes à sa voix. Pour prier il nous faut donc retrouver cette sensibilité qui nous manque. Or, cette sensibilité est une sensibilité du cœur.

> *« Non, ce n'est pas avec les yeux, mais avec le cœur qu'il nous faut chercher Dieu. Mais, de même que, pour voir notre soleil, nous purifions les yeux de notre corps, grâce auxquels nous pouvons voir la lumière, de même si nous voulons voir Dieu, purifions les yeux qui nous permettent de le voir »* (In Joh. ep. 7,10).

Pour ressentir Dieu tout près de nous il nous faut donc purifier les yeux de notre cœur. Les yeux de notre cœur sont bien souvent vieux, malades, blessés. Nous sommes comme les disciples après la résurrection de Jésus. Jésus était là, à côté d'eux, et l'Évangile nous dira : *« Jésus lui-même les rejoignit et fit route avec eux ; mais leurs yeux étaient empêchés de le reconnaître »* (Lc 24,15-16). Connaître c'est naître à l'autre ; une sorte d'identification à ce que nous connaissons. Et c'est l'amour qui nous identifie à l'autre. On est ce que l'on aime.

> *« Car tel on aime, tel on est. Tu aimes la terre ? Tu seras terre. Tu aimes Dieu ? Que dirai-je ? Seras-tu Dieu ? Je n'oserai le dire de moi-même, écoutons les Écritures : "J'ai dit : vous êtes des dieux et des fils du Très-Haut" »* (In Joh. ep. 2,14).

Voilà pourquoi nous connaissons ce que nous aimons et

dans la mesure de notre amour. Il n'y a pas de connaissance là où l'amour manque.

> « *Posséder par l'intelligence, c'est posséder par la connaissance et nul bien n'est parfaitement connu s'il n'est pas parfaitement aimé* » (De div. q. 83,35,2).

Pour connaître Dieu, pour le ressentir tout près de nous il nous faut commencer par l'aimer, plus encore pour devenir nous-mêmes amour car Dieu est Amour. Connaître Dieu c'est naître à l'Amour. Saint Jean le dit clairement : « *Quiconque aime est né de Dieu et parvient à la connaissance de Dieu. Qui n'aime pas n'a pas découvert Dieu* » (1 Jn 4,7-8).

Or, l'amour est en tout premier lieu don. Aimer est devenir don. Et le don exige de nous une totale désappropriation. Le don offert ne nous appartient plus, il appartient à celui à qui nous l'offrons. Dieu est Amour et, par le fait même, il se donne, il s'offre entièrement à nous. Voilà pourquoi il est la plus totale et absolue désappropriation de soi. Dieu est comme le rayon du soleil. Le rayon ne revient jamais sur lui-même pour se contempler. Il cherche tout simplement à nous éclairer, à nous remplir de lumière. Et Dieu se donne à nous parce qu'il nous aime. Il se fait présent à nous dans toutes les circonstances et tous les événements de la vie.

> « *C'est lui qui fit ces choses, et il n'est pas loin. Car il ne les fit pas pour s'en aller ensuite, mais, issues de lui, elles sont en lui* » (Conf. IV, 12,18).

Cette présence de Dieu dans notre vie est une présence vivante. Et c'est cette présence de Dieu qui donne assurance à notre vie. Dieu nous fait être. Dieu nous encourage à vivre. Voilà pourquoi toutes les choses rayonnent de sa présence, parce qu'elles sont par Lui. En réalité, ce n'est pas Dieu qui est en nous, c'est plutôt nous qui sommes en lui. Dieu nous tient et nous soutient dans sa main.

« Je ne serais donc pas, mon Dieu, je ne serais pas du tout, si tu n'étais en moi. Ou plutôt je ne serais pas, si je n'étais en toi, de qui tout est, par qui tout est, en qui tout est » (Conf. I, 2,2).

L'amour est la vie de Dieu. Et parce que Dieu nous aime, nous sommes. Ressentir Dieu à côté de nous, c'est donc ressentir son amour créateur sur nous : nous sentir aimés par lui. Le plus grand problème qui se pose à nous tous, au moment de prier, c'est d'être sensibles à cet amour de Dieu envers nous, de nous sentir aimés par Dieu.

Or, pour retrouver cette sensibilité à l'amour de Dieu, il nous faut commencer par purifier notre cœur, par purifier notre amour.

« Commence à aimer… à mesure que l'amour grandit en toi… tu commences à sentir Dieu » (En. in ps. 99,5).

A mesure que nous devenons amour, nous faisons l'expérience de Dieu. Apprendre à prier c'est donc apprendre à aimer.

Pour vivre avec Dieu, pour entrer en communication avec Lui, il ne suffit pas de réfléchir ; il nous faut surtout savoir nous donner, nous offrir. Dieu se donne à nous, mais dans la mesure de notre don à Lui. C'est le don de nous-mêmes qui nous achemine vers Dieu. Mais l'amour ne se réduit pas tout simplement à faire des choses pour quelqu'un ; il est une réalité bien plus profonde. Aimer quelqu'un, c'est entrer en communion avec lui, nous réjouir de sa présence, passer du temps en sa compagnie. Pour prier, il nous faut donc entrer dans notre cœur pour le saisir et pour le donner. On prie tout comme on aime ; on prie tout comme on se donne.

Ce qui guérit donc l'insensibilité de notre cœur, ce qui nous fait découvrir l'amour de Dieu à notre égard, c'est l'amour. On entre dans la prière tout comme on entre en amitié : par la voie de la confiance, par la voie de la foi. Saint Augustin en est bien conscient et ne cesse de nous le dire.

Saint Augustin, au commencement même des ses *Confessions,* se pose en toute clarté le problème des conditions pour prier et bien prier.

> « *Donne-moi, Seigneur, de connaître et de comprendre si la première chose est d'invoquer ou de te louer, et si te connaître est la première chose ou t'invoquer. Mais qui t'invoque s'il ne te connaît ? Car on peut invoquer un être pour un autre si l'on ne te connaît pas. Ou plutôt ne t'invoque-t-on pour te connaître ? Mais comment invoqueront-ils celui en qui ils n'ont pas cru ? Et comment croiront-ils si personne ne prêche ? Ils loueront le Seigneur, ceux qui sont à sa recherche. Car le cherchant, ils le trouvent et, le trouvant, ils le louent. Je veux, Seigneur, te chercher en t'invoquant, et t'invoquer en croyant en toi : car tu nous as été prêché. Elle t'invoque, Seigneur, ma foi, que tu m'as donnée, que tu m'as inspirée par l'humanité de ton Fils, par le ministère de ton Prédicateur* » (Conf. 1,1,1).

Ce texte nous introduit dans la dynamique la plus profonde de la prière. Il nous offre aussi les conditions que nous devons accomplir pour prier.

Au commencement de la prière il y a toujours un appel de Dieu. Ce n'est pas nous qui prenons l'initiative de prier. C'est Dieu qui nous appelle à prier.

> « *C'est toi qui le pousses à prendre plaisir à te louer* » (Conf. 1,1,1).

On prie tout comme on aime. Et nous prions parce que Dieu le premier nous a aimés. Prier est donc une grâce que Dieu nous accorde : « *Voici ce qu'est l'amour : ce n'est pas nous qui avons aimé Dieu, c'est lui qui nous a aimés* » (1 Jn 4,10). Dieu ne cesse de venir vers nous et il nous invite à aller vers lui, à l'aimer. Par tout ce qui nous entoure, il ne cesse de nous dire : « Aime-moi ! »

> « *Le ciel, la terre et tout ce qu'ils renferment, de toutes parts*

me disent de t'aimer, et ils ne cessent de le dire à tous les hommes » (Conf. x, 6,8).

Cet impératif « Aime-moi ! » brise notre autosuffisance et fait naître en nous une relation intime avec lui ; il nous rend capables de l'aimer. Et c'est justement cette invitation à l'aimer qui constitue le commencement de toute vraie prière. L'initiative de prier vient donc de Dieu lui-même.

« *Il nous a aimés le premier et il nous a donné de l'aimer* » (In Joh. ep. IX,10).

Aime celui qui tout d'abord se sent aimé. Et Dieu nous montre son amour surtout par Jésus, par le mystère de son Incarnation. Jésus est la vraie révélation de l'amour du Père à notre égard : « *Dieu, en effet, a tant aimé le monde qu'il a donné son Fils, son unique* » (Jn 3,16).

« *Elle t'invoque, Seigneur, ma foi, que tu m'as donnée, que tu m'as inspirée par l'humanité de ton Fils, par le ministère de ton Prédicateur* » (Conf. I, 1,1).

Le tout premier problème pour prier, c'est d'être sensibles à cet amour de Dieu et de l'accueillir dans notre cœur. Et l'accueil de l'amour de Dieu dans notre vie est justement la foi. La foi est la joie de se sentir aimés par Dieu, de lui offrir notre confiance, de nous laisser guider par Lui.

« *C'est la foi qui prie, la foi qui est donnée à celui qui ne prie pas, la foi sans laquelle, certes, il ne pourrait prier* » (Ep. 194,10).

Et la foi nous pousse à nous approcher de plus en plus de Dieu, à nous donner à Lui. La foi fait jaillir dans notre cœur le désir d'être avec Dieu. Elle se trouve aux sources de l'amour, alors que lui manque le rassasiement de la vie bienheureuse. Et ce désir d'être avec Dieu, de nous unir à lui, de le comprendre, est déjà une prière : *« Le désir de comprendre est une prière à Dieu »* (Ser. 152,1).

Plus encore, la durée du désir fait la durée de la prière.

« Le désir prie toujours même quand la langue se tait. Le désir qui ne se lasse pas est une prière perpétuelle. Quand est-ce que sommeille la prière ? Quand le désir languit » (Ser. 80,7). Or celui qui désire cherche l'objet de son désir. Nous cherchons ce que nous désirons. Voilà pourquoi il n'y a pas de recherche de Dieu si le désir de le rencontrer nous manque. Mais celui qui cherche vraiment Dieu finit par le trouver. Dieu se donne à celui qui se donne à lui.

> *« Car, en le cherchant, ils le trouvent et, le trouvant, ils le loueront »* (Conf. 1, 1,1).
> *« Il rassasie en effet celui qui le cherche à proportion de ce qu'il prend et il augmente la capacité de celui qui le trouve, afin qu'il cherche de nouveau à être rempli dès qu'il aura commencé à prendre davantage »* (In Joh. ev. 63,1).

La prière donc nous unit à Dieu, nous divinise en quelque sorte. Elle nous introduit dans le mystère même de Dieu.

> *« Le Dieu Trinité, le Père, le Fils et le Saint-Esprit viennent à nous, tandis que nous allons à eux ; ils viennent en nous aidant, nous allons en obéissant ; ils viennent en nous illuminant, nous allons en regardant ; ils viennent en nous comblant, nous allons à eux en les accueillant »* (In Joh. ev. 76,4).

Et voilà que la prière de louange jaillit de notre cœur pour exprimer la joie de notre rencontre avec Lui. Celui qui trouve Dieu se sent tellement heureux qu'il ne peut que manifester sa joie par un chant de louange. La prière nous introduit dans une certaine mesure dans la vision de Dieu.

> *« Là, nous nous reposerons et nous verrons ; nous verrons et*

nous aimerons ; nous aimerons et nous louerons. Voilà ce qui sera à la fin, sans fin. Et quelle autre fin avons-nous, sinon de parvenir au royaume qui n'aura pas de fin ? » (De civ. Dei 22,30,5).

Prière :

« Que mon âme te loue pour t'aimer, ô Seigneur, et qu'elle publie tes miséricordes pour te louer ! Toutes tes créatures chantent en ton honneur un hymne continuel : l'esprit de l'homme, en élevant vers toi les accents de sa bouche ; les êtres animés et les êtres inanimés, par la bouche de ceux qui les contemplent ; qu'ainsi donc aussi mon âme se relève de sa langueur, s'appuyant sur tes œuvres pour parvenir jusqu'à toi, sublime artisan de toutes choses » (Conf. V, 1,1).

« Oui, c'est toi, Seigneur, qui as fait toutes choses. Tu es la beauté même, et elles sont belles ; tu es la bonté par essence, et elles sont bonnes ; tu es, et elles sont. Mais elles n'ont ni la beauté, ni la bonté, ni l'être de la même manière que toi, leur Créateur, car auprès de toi elles n'ont plus ni beauté, ni bonté, ni être » (Conf. XI, 4,6).

REVIENS À TON CŒUR

> *« Reviens à ton cœur, et de là à Dieu, car le chemin n'est pas long de ton cœur à Dieu »* (Ser. 311,13).
> *« Le Christ est au-dedans de toi, c'est là sa demeure. Présente-lui ta prière »* (En. in ps. 141,4).

La prière est une affaire du cœur. C'est dans le cœur que Dieu nous parle et c'est par le cœur que nous devons nous adresser à Dieu. Pour prier il nous faut donc entrer dans notre cœur.

> *« On crie vers Dieu non par la voix, mais par le cœur. Beaucoup gardaient leurs lèvres silencieuses, mais leur cœur criait ; et beaucoup d'autres faisaient marcher leurs lèvres, qui ne furent en rien exaucés parce que leur cœur était détourné. Si donc tu veux crier, crie au-dedans : c'est là que Dieu t'exauce »* (En. in ps. 30, II, 3,10).

Le cœur désigne en tout premier lieu le centre de nous-mêmes. Il est le centre où prennent origine les opérations personnelles de connaissance, de choix, de liberté, d'amour. Nous parlons donc du cœur de l'homme comme nous parlons du “cœur” d'un problème. Le cœur est la racine la plus profonde de tous nos comportements. Mais nous risquons bien souvent de faire notre vie à partir de l'extérieur, à partir de ce que l'on dit, de la mode du moment. Et, à ce moment-là, au lieu de vivre, nous sommes vécus ; nous ne sommes que le masque de nous-mêmes. Pour rencontrer Dieu et entrer en communion avec lui il nous faut commencer par être nous-mêmes. Dieu est la Vérité et pour entrer en communion avec Lui il nous faut être vrais : *« Celui qui fait la vérité vient à la lumière »* (Jn 3,21). Et être vrais, être nous-mêmes est la toute première condition pour prier d'après saint Augustin. Voilà pourquoi il s'adresse à Dieu pour lui dire :

> *« Voici, en effet, que tu as aimé la vérité, puisque celui qui fait la vérité vient à la lumière. Je veux "faire la vérité", dans mon cœur, devant toi, par la confession, mais aussi dans mon livre, devant de nombreux témoins »* (Conf. x 1,1).

Et dans un de ses premiers livres, dans les *Soliloques,* il demande au Seigneur qu'il l'aide à le connaître et à se connaître.

> *« Tout ce que je lui demande dans ma prière : connaître Dieu et l'âme ; voilà ce que je désire »* (Sol. I, 2,7).
> *« Puissé-je te connaître, toi qui me connais, te connaître comme je suis connu ! Vertu de mon âme, entre en elle et aménage-la pour toi, afin de la tenir et de la posséder sans tâche ni ride ! »* (Conf. x, 1,1).

Malheureusement bien souvent nous nous dérobons à nous-mêmes. Et comme Adam cherche à se cacher de Dieu sous les arbres, nous aussi nous cherchons à nous cacher de Dieu présent dans notre cœur. Et à saint Augustin de nous dire :

> *« Toi, Seigneur, tu étais devant moi ; mais moi, j'étais parti loin de moi et ne trouvais plus moi-même, moins encore, oh combien ! toi-même »* (Conf. v, 2,2).

Certes, il y a en nous la voix de notre cœur qui ne cesse de nous crier la présence de Dieu :

Mais bien souvent nous ne lui portons pas attention ; nous lui faisons la sourde oreille. Et pourtant Dieu ne cesse de nous crier : « *Où es-tu ?* » Dieu veut briser notre désir de fuir de lui, de fuir de nous-mêmes. Acceptons-nous de ne pas nous dérober à cette question de Dieu ? Aussi longtemps que nous nous dérobons à Dieu et à la voix de notre cœur, notre vie ne deviendra que pure distraction, nous marcherons sans aller nulle part et, à ce moment-là, notre prière se fera impossible. Le retour à soi-même est le commencement du retour à Dieu.

> « *Tu étais au-dedans, et moi dehors et c'est là que je te cherchais et sur la grâce de ces choses que tu as faites, pauvre disgracié, je me rouais ! Tu étais avec moi et je n'étais pas avec toi ; elles me retenaient loin de toi, ces choses qui pourtant, si elles n'existaient pas en toi, n'existeraient pas* » (Conf. x, 27,38).

Rentrer dans notre cœur, c'est nous recueillir, faire le silence en nous et autour de nous. La voix du Seigneur risque toujours d'être étouffée par tant de bruits qui cherchent à nous habiter. Il nous faut donc être vigilants aux signes qui nous annoncent la présence de Dieu. Le Seigneur passe à côté de nous sur la pointe des pieds et arrive à l'écouter celui qui veille avec l'oreille de son cœur bien attentive.

Le silence intérieur nous est donc absolument nécessaire pour entrer dans le cœur et là, dans le cœur, écouter Dieu qui nous parle. Plus encore, pour parler à quelqu'un nous avons besoin du silence pour réfléchir sur ce que nous allons lui dire. Le silence doit pénétrer nos paroles. Il est le dedans de toute vraie prière. Pour prier nous avons donc besoin de faire le silence dans le plus intime de nous-mêmes.

Il est certain que notre esprit peut se disperser entre mille occupations et préoccupations, entres des imaginations tout à fait inutiles. A ce moment-là il sera bien loin de lui-même, il deviendra terre stérile.

> « *Où étais-je, moi, quand je te cherchais ? Toi, tu étais*

devant moi; mais moi, j'étais parti loin de moi, et ne trouvais plus moi-même, moins encore, oh combien! toi-même» (Conf. v, 2,2).
«Pour se connaître, il faut avoir une grande habitude de se retirer des sens, de faire rentrer l'âme en elle-même et de l'y retenir» (De ord. I, 1,3).

Il nous faut donc revenir à notre cœur pour nous rencontrer, nous-mêmes et Dieu. Saint Augustin ne cesse de nous inviter à habiter notre cœur.

«Reviens à ton cœur, et de là à Dieu, car le chemin n'est pas long de ton cœur à Dieu. Toutes ces difficultés qui te troublent viennent de ce que tu es sorti de toi, tu t'es toi-même exilé de ton propre cœur. Tu te laisses émouvoir par ce qui est hors de toi et tu te perds toi-même. Toi, tu es au-dedans, elles sont au-dehors; l'or, l'argent et toutes sortes de monnaies, le vêtement, des clients, une famille, des troupeaux, tout cela est au-dehors» (Ser. 311,13).

Mais pour rencontrer Dieu et prier il ne suffit pas de nous recueillir, de rentrer dans notre cœur, car il y a un retour sur soi-même infécond. Quand nous rentrons en nous-mêmes, nous risquons de faire de notre intimité, de notre cœur une demeure permanente et, à ce moment-là, notre recherche de Dieu s'arrêtera à mi-chemin. Nous ferons de notre moi le but de notre recherche, plus encore le centre de notre vie. Et tout va tourner autour de nous, de nos problèmes, de nos soucis, de nos difficultés. Et pourtant notre demeure n'est pas notre cœur, mais Dieu. Le cœur n'est que la demeure de Dieu, pas Dieu lui-même.

«Reviens à ton cœur, et de là à Dieu, car le chemin n'est pas long de ton cœur à Dieu» (Ser. 311,13).

C'est à Dieu qu'il nous faut revenir. Mais pour l'atteindre

nous devons passer tout d'abord par le cœur. Il nous faut rentrer en nous-mêmes, mais pour nous élever vers Dieu.

> *« Revenez à votre cœur : pourquoi courir loin de vous et périr par votre faute ? Pourquoi suivre les chemins de la solitude ? Vous vous égarez dans vos courses vagabondes, revenez. Où ? Au Seigneur. Mais c'est trop tôt ; reviens d'abord à ton cœur »* (In Joh. ev. 18,10).

Or notre cœur nous remet toujours à Dieu. Dieu nous a créés à son image, à sa ressemblance. L'image, par sa nature même, est toute orientée vers ce qu'elle représente. L'image ne revient jamais sur elle même, elle nous renvoie toujours à ce qu'elle signifie. Elle n'attire jamais l'attention sur elle-même, mais sur ce qu'elle représente. Notre cœur, image de Dieu, nous remet toujours à Lui.

> *« Tu nous a faits orientés vers toi et notre cœur est sans repos tant qu'il ne repose pas en toi »* (Conf. 1, 1,1).
> *« Dieu qui aime tout ce qui, consciemment ou inconsciemment, peut aimer »* (Sol. 1, 1,2).

Notre cœur est donc tout orienté vers Dieu. Et cette orientation vers Dieu, saint Augustin l'appellera amour, désir, poids de l'âme. L'amour est donc la vie de notre cœur. Quand l'amour s'éteint, le cœur meurt et cesse de chercher Dieu, car *« c'est par amour que l'on cherche »* (De mor. eccl. cath. 17,31).

> *« Un corps, en vertu de son poids, tend à son lieu propre. Le poids ne va pas forcément en bas mais au lieu propre. Le feu tend vers le haut, la pierre vers le bas ; ils sont menés par leur poids. Ils s'en vont à leur lieu. L'huile versée sous l'eau s'élève au-dessus de l'eau ; l'eau versée sous l'huile s'enfonce au-dessous de l'huile : ils sont menés par leur poids, ils s'en vont à leur lieu. S'il n'est pas à sa place, un être est sans repos ; qu'on le mette à sa place et il est en repos. Mon poids,*

> *c'est mon amour; c'est lui qui m'importe où qu'il m'emporte»* (Conf. XIII, 9,10).

Nous sommes donc par nature des personnes orientées vers Dieu. Il nous a faits pour lui, et de même nous ne pouvons pas nous arrêter sur la route qui nous mène à Dieu. Nous arrêter c'est refuser d'aimer, c'est refuser de désirer Dieu.

> *« Ton désir est-il continuel? continuelle est ta voix. Tu ne te tairas que si tu cesses d'aimer. Quels sont ceux qui se sont tus? Ce sont ceux dont il est dit: "parce que l'iniquité a abondé, la charité de beaucoup s'est refroidie" (Mt24,12). La froideur de la charité, c'est, du coup, le silence pour le cœur. Est-elle en efflorescence au contraire? C'est pour lui la clameur. Si toujours demeure en toi la charité, toujours tu clames; si toujours tu clames, toujours tu désires; si tu désires, tu te souviens du céleste repos»* (En. in ps. 37,14).

Le danger le plus grave dans notre vie de prière est la mort du désir, le découragement face aux difficultés. A ce moment-là, nous n'avons aucune envie de prier. C'est la présence de la mort dans notre vie. Dans l'Évangile, les malades sont l'expression la plus claire de ceux qui s'arrêtent sur le chemin qui nous mène au Seigneur. Et voilà que le Seigneur vient nous dire: *«Lève-toi et marche»* (Mt 9,5). Le Seigneur nous invite à nous lever, à nous mettre en route: *«Lève-toi.»* Il nous demande de quitter notre cœur pour fixer notre regard sur lui tout seul: *« Va au-delà de toi-même, dépasse ton cœur»* (De vera rel. 39,73). Il vient même à notre aide: *«Ma grâce te suffit; ma puissance donne toute sa mesure dans la faiblesse»* (2 Co 12,9). Dieu nous invite à vivre. Dieu nous invite à aimer. Dieu est toujours porteur d'un message de vie. Saint Augustin reprend sans cesse la voie de l'intériorité, la voie du cœur, pour ressentir Dieu au plus profond de soi-même et pour se laisser guider et éclairer par lui. Il nous avoue son expérience.

« Voilà souvent ce que je fais : c'est mon plaisir ; je me dégage des occupations astreignantes, autant que je le puis, pour trouver dans cette volupté mon refuge. Mais en toutes ces choses que je parcours en te consultant, je ne découvre de lieu sûr pour mon âme qu'en toi, où se rassemblent toutes mes dispersions sans que rien de moi s'écarte de toi. Et parfois tu me fais entrer dans un sentiment tout à fait extraordinaire au fond de moi, jusqu'à je ne sais quelle douceur qui, si elle devient parfaite en moi, sera je ne sais quoi que cette vie ne sera pas. Mais je retombe dans l'actuel aux misères accablantes ; me voilà réabsorbé par l'ordinaire, et tenu ; je verse bien des larmes, mais je suis bien tenu, tellement le fardeau de l'habitude a du poids ! Être ici, je le peux et ne veux pas ; là, je le veux et ne peux pas, malheureux de part et d'autre » (Conf. x, 40,65).

L'intériorité est donc l'exercice spirituel par lequel nous entrons dans une relation vivante avec Dieu. Mais cette démarche de contemplation est déjà une grâce et nous devons toujours la demander au Seigneur pour qu'il nous l'accorde car c'est cette grâce de l'intériorité qui nous introduit dans la prière.

Prière :

« Dieu, notre Père, toi qui nous invites à te prier, et qui nous accordes ce que nous te demandons, puisque, dès que nous t'implorons, nous vivons mieux et devenons meilleurs : exauce-moi, je palpite dans les ténèbres, rends-moi ta main, prête-moi ta lumière, rappelle-moi mes erreurs et guide mes pas, que je vienne à toi et à moi-même » (Sol. II, 6,9).

BIEN TARD JE T'AI AIMÉE, Ô BEAUTÉ SI ANCIENNE ET SI NOUVELLE !

> « *Mon interrogation c'était mon attention, et leur réponse, leur beauté* » (Conf. x, 6,9).

Aujourd'hui nous manque le sens de la contemplation. Nous sommes tellement pris par le travail, par la réussite que nous ne voyons les personnes et les choses qu'à la lumière de l'utilité et de l'efficacité. Notre regard est devenu regard glacé, sans joie et, sous ce regard, ni les personnes ni les choses n'ont plus de mystère pour nous. Tout devient instrument, tout est réduit à l'état d'objet inerte, exposé à notre prise, destiné à être transformé, utilisé. Nous avons perdu le sens du mystère. Nous passons même les uns à côté des autres sans nous regarder, chacun obsédé par les intérêts du moment. Les yeux de notre cœur sont vraiment malades. Il nous manque le sens de la gratuité et de la louange. Nous devons donc savoir retrouver le sens de l'émerveillement. Accueillir tout avec des yeux neufs, purs, avec les yeux de Dieu ; il nous faut savoir regarder tout avec le regard de Dieu. Et saint Augustin vient à notre aide ; il découvre Dieu dans tout ce qui nous entoure : choses, personnes, événements. Pour lui, tout, dans le monde, nous crie Dieu.

> « *D'ailleurs, et ciel et terre et tout ce qui est en eux, les voici de partout qui me disent de t'aimer, et ils ne cessent de le dire à tous les hommes, pour qu'ils soient sans excuse* » (Conf. x, 6,8).

Tout nous parle de Dieu. Tout est signe, parole de Dieu.

Dieu en effet à tout créé. Mais créer n'est pas faire les choses une fois pour toutes. La création est une action permanente de Dieu. Dieu nous a créés, mais il ne s'éloigne pas de nous ; il nous reste présent ; il nous tient et soutient dans sa main.

> « *Dieu seul est l'auteur des natures, lui qui ne produit rien d'une manière qu'il n'ait lui-même produite ; qui n'a d'ouvriers que ceux qu'il a créés : et s'il retirait de ses œuvres sa puissance que j'appellerai "fabricatrice", elles rentreraient dans le néant et comme elles y étaient avant d'être faites* » (De civ. Dei XII, 25).

Voilà pourquoi saint Augustin prie :

> « *Je ne serais donc pas, mon Dieu, je ne serais pas du tout, si tu n'étais en moi. Ou plutôt je ne serais pas, si je n'étais en toi, de qui tout est, par qui tout est, en qui tout est* » (Conf. I, 2,2).
> « *Dieu au-dessus duquel il n'y a rien, en dehors duquel il n'y a rien, sans lequel il n'y a rien ; Dieu à qui tout est soumis, en qui tout est contenu ; à qui tout se rapporte… écoute-moi, mon Dieu* » (Sol. I, 1,4).

Tout par le fait même dit relation à Dieu. Les choses ne nous retiennent jamais ; quand on sait les écouter, elles nous renvoient à Dieu. Elles ne sont que signes de Dieu et le signe, le bon signe, ne retient jamais. Il renvoie toujours à ce qu'il signifie. Chaque fois que nous nous approchons d'elles, nous entendons leur voix nous dire : allez vers Dieu, ne vous arrêtez pas sur nous.

> « *J'ai interrogé la terre et elle dit : "Ce n'est pas moi". Et tout ce qui est en elle a fait le même aveu. J'ai interrogé la mer, les abîmes, les êtres vivants qui rampent. Ils ont répondu : "Nous ne sommes pas ton Dieu : cherche au-dessus de nous"… Et j'ai dit à tous les êtres qui entourent les portes de ma chair : "Dites sur mon Dieu, puisque vous*

ne l'êtes pas, dites-moi sur lui quelque chose". Ils se sont écriés d'une voix puissante : "C'est lui qui nous a faits"... Mon interrogation c'était mon attention, et leur réponse leur beauté » (Conf. x, 6,9).

Dieu nous parle aussi par tous les événements de notre vie. Dieu dirige et gouverne tout, et tout devient appel, admonition de Dieu. Et Dieu nous appelle à aller vers Lui car en Lui seul nous rencontrerons vraiment le repos, le bonheur.

« *Se trompent ceux qui croient que Dieu commande ceci ou cela en son propre intérêt. Dieu n'ordonne rien en son intérêt propre, mais il le fait pour l'intérêt de celui à qui il commande. Et c'est pour cela qu'il est vrai Seigneur ; et il n'a pas besoin de son serviteur, par contre c'est le serviteur qui a besoin de lui* » (Ep. 138,1,6).

Dieu dirige et oriente tout à notre bien. Les choses et les événements nous parlent de Dieu. Il nous faut donc lever notre regard vers Dieu, avoir une vision profonde de tout ce qui nous entoure : tout est une fenêtre ouverte vers Dieu. Saint Augustin voit toute la création comme un immense livre écrit par Dieu et pour nous dire son amour.

« *Et tu travailles à nous convaincre de ces choses avec une suprême sagesse, ô notre Dieu, dans ton livre, ton firmament, afin que nous puissions les discerner toutes dans une contemplation merveilleuse, quoique répartie encore en signes et en temps, en jours et en années* » (Conf. XIII, 18,23).

Toute expérience sensible est un appel que Dieu nous fait à retourner vers Lui. Le problème qui se pose à nous c'est de savoir déchiffrer, discerner le sens divin de tous ces événements. Et la toute première des conditions pour faire l'expérience de Dieu dans la contemplation de l'univers est le silence, mais un silence qui nous ouvre aux événements de la vie. Un silence d'écoute et d'attention : *« Mon interrogation c'était mon attention »* (Conf. x, 6,9).

Elle est vraiment remarquable l'insistance avec laquelle l'Évangile nous invite à la vigilance, à être des veilleurs. Saint Marc fait de la vigilance en quelque sorte le testament de Jésus. La vigilance est en tout premier lieu l'attitude de celui qui veille, l'attitude des veilleurs. Et le veilleur veille précisément quand tout le monde se repose. Il passe la plupart du temps dans la nuit et au milieu du silence. Et veiller est une façon toute particulière de regarder, d'écouter. C'est discerner sous le calme apparent de la nuit les bruits ou les craquements qui témoignent de la présence de quelqu'un. Être vigilant est donc savoir déchiffrer les signes d'une présence. L'attention oriente notre regard et nous fait découvrir ce qui se cache sous des apparences anodines. Sous l'innocence des relations humaines les plus simples comme sous les événements les plus quotidiens de notre vie, voilà que se cache une trace de Dieu et seul celui qui va plus loin que l'immédiat pourra le découvrir. Être veilleur est savoir discerner dans l'obscurité de la vie les traces de la lumière de Dieu.

Mais la vigilance exige toujours une disponibilité intérieure : le silence et le recueillement. Dans l'attention il y a, par le fait même, une ascèse des yeux et des oreilles qui nous purifie de tant de bruits qui ne nous laissent pas écouter et de tant d'imaginations qui ne nous laissent pas voir. Faire attention, c'est apprendre à écouter et écouter, c'est nous ouvrir à un autre que nous-mêmes ; c'est l'attitude du disciple, de celui qui se laisse instruire par l'autre. Écouter c'est savoir accueillir.

Dieu ne cesse de venir à nous, mais Dieu ne s'impose jamais. Il se donne à celui qui le cherche, à celui qui fait attention à sa présence. Le problème de la rencontre avec Dieu ne se trouve jamais en Dieu. Il ne cesse de frapper à notre porte. Tout nous parle de Dieu. Tout nous demande de l'aimer, de retourner à lui. Le problème de notre rencontre avec Dieu se pose dans notre capacité de l'attendre, de faire attention à lui. Dieu se donne à nous, mais selon notre capacité d'attention. Dieu est présent partout.

Or, accueillir la parole de Dieu dans cette réalité qui nous entoure c'est tout d'abord savoir nous émerveiller devant sa beauté. Saint Augustin s'interroge :

> « *Aimons-nous autre chose que le beau ? Qu'est-ce donc que la beauté ? Qu'est-ce qui nous attire et nous attache aux choses que nous aimons ?* » (Conf. IV, 13,20).

Dans l'émerveillement, la splendeur d'une chose ou d'un comportement nous prend, nous saisit. Devant cette manifestation de Dieu nous nous sentons saisis par l'éclat de sa lumière, de sa grandeur. Devant la splendeur de Dieu nous ne pouvons faire moins que nous écrier :

> « *Tu es grand Seigneur et bien digne de louange ; elle est grande ta puissance et ta sagesse est innombrable* » (Conf. I, 1,1).

Mais, en même temps, nous reconnaissons que nous sommes bien loin de Dieu : sa gloire nous éblouit et à la fois nous manifeste nos limites, notre pauvreté.

> « *Te louer, voilà ce que veut un homme, parcelle quelconque de ta création, et un homme qui porte partout sur lui le témoignage de son péché et le témoignage que tu résistes aux superbes* » (Conf. I, 1,1).
> « *Tu as frappé sans cesse la faiblesse de mon regard par la violence de tes rayons sur moi, et j'ai tremblé d'amour et d'horreur. Et j'ai découvert que j'étais loin de toi dans la région de la dissemblance* » (Conf. VII, 10,16).

Moïse devant la révélation de Dieu dans le buisson ardent « *se voila la face, car il craignait de regarder Dieu* » (Ex 3,6). Pierre, témoin de la pêche miraculeuse, dira à Jésus : « *Seigneur, éloigne-toi de moi, car je suis un coupable* » (Lc 5,8). La gloire de Dieu nous fait découvrir l'impureté de notre cœur. Le prophète Ésaïe devant la gloire de Dieu dira : *« Malheur à moi ! Je suis perdu, car je suis un homme aux lèvres impures [...] et mes yeux ont vu le roi, le Seigneur, le tout-puissant »* (Es 6,5).

Cette expérience de la gloire et de la splendeur de Dieu n'a pas comme dernier mot la peur ou la crainte et, par le fait même, l'éloignement de Dieu. Dieu se fait présent à nous comme l'admirable, plus encore, comme l'adorable. Nous nous sentons fascinés par Lui, par sa Beauté et sa Bonté. Nous nous sentons attirés par lui : *« Seigneur, tu as abusé de ma naïveté, oui, j'ai été bien naïf ; avec moi tu as eu recours à la force et tu es arrivé à tes fins »* (Jr 20,7). Et à Saint Augustin de nous dire :

> *« Tu as frappé sans cesse la faiblesse de mon regard par la violence de tes rayons sur moi et j'ai tremblé d'amour et d'horreur »* (Conf. VII, 10,16).
> *« Qui est-ce donc, ce qui resplendit jusqu'à moi et frappe mon cœur sans le blesser ? Je suis à la fois plein d'horreur et plein d'ardeur ; plein d'horreur, dans la mesure où je ne lui ressemble pas ; plein d'ardeur, dans la mesure où je lui ressemble »* (Conf. XI, 9,11).

Et voilà que nous nous transformons nous-mêmes en louange. Nous ne pouvons pas garder pour nous tout seuls ce que nous ressentons au plus profond de notre cœur et nous devenons chant de louange. Louer, adorer, c'est reconnaître que Dieu est Dieu, c'est laisser Dieu se dire en nous.

> *« Tu vois ce qu'Il a fait ; aime l'Auteur de ces merveilles ! Attache toi à cela qui est l'essentiel ! Aime le Créateur ! Ne t'a-t-il fait à son image, toi qui as le bonheur de l'aimer ! »* (Ser. 68,5).

Prière :

« Seigneur, que mon âme te loue, pour t'aimer,
et te confesse tes miséricordes, pour te louer !
Il n'est rien qui cesse ni qui taise tes louanges
dans l'univers que tu créas,
ni les esprits d'aucune sorte
par la bouche tournée vers toi,
ni les êtres animés, ni les êtres matériels
par la bouche de ceux qui les contemplent,
en sorte que notre âme s'éveille de sa lassitude
et s'élève jusqu'en toi,
en s'appuyant sur les choses que tu as faites
pour passer jusqu'à toi qui les fis merveilleusement ;
là se trouve le réconfort et la vraie force » (Conf. V, 1,1).

« Ô ÉTERNELLE VÉRITÉ ET VRAIE CHARITÉ ET CHÈRE ÉTERNITÉ ! C'EST TOI QUI ES MON DIEU »

> *« On ne rentre dans la Vérité que par la charité »* (Cont. Faust. Manich. 32,18).

Tout nous parle de Dieu. Tout nous fait signe d'aller à Dieu. Mais de Dieu nous ne pouvons pas nous approcher comme nous nous approchons de n'importe quel objet. Nous devons nous approcher de Dieu comme nous nous approchons du feu : en nous laissant brûler. Pour connaître Dieu il nous faut naître à Lui. Notre attitude en face de Dieu doit être, tout d'abord, une attitude d'écoute, de disponibilité. La même attitude que Marie au moment de l'Annonciation : *« Je suis la servante du Seigneur. Que tout se passe pour moi comme tu me l'as dit »* (Lc 1,38) En réalité nous nous approchons de Dieu en l'accueillant dans notre cœur car ce n'est pas nous qui allons vers Lui, mais c'est plutôt Dieu qui vient vers nous. Et nous accueillons Dieu en nous laissant transformer par Lui.

> *« Ce n'est pas par le lieu qu'on s'éloigne de Dieu, mais par la dissemblance. Quelle dissemblance ? Celle de la vie mauvaise, de mœurs mauvaises… Un seul et même homme, dont le corps se tient en un même lieu, s'approche de Dieu en l'aimant et s'éloigne de Dieu en aimant le mal… Sur ce chemin, nos pas ce sont nos affections. Selon notre affection, selon notre amour, nous nous approchons ou nous nous éloignons de Dieu… Si par la dissemblance, nous nous éloignons de Dieu, par la ressemblance nous nous approchons de Dieu… Jésus Christ nous invite à cette*

ressemblance et il nous commande d'aimer nos ennemis, et il nous donne l'exemple de Dieu lui-même... : soyez parfaits comme lui, c'est ainsi qu'il nous invite à la ressemblance» (En. in ps. 94,2).

Et Dieu se révèle, tout d'abord, comme l'Être en plénitude, comme la perfection la plus totale et absolue ; il est l'éternel, l'immutabilité même. Dieu est donc l'Être. L'Écriture nous dira que Dieu est *« Celui qui est »* (Ex 3,14).

> *« Déjà donc l'ange et par cet ange le Seigneur, avait dit à Moïse qui lui demandait son nom : "Je suis celui qui est". Voici ce que tu diras aux enfants d'Israël : "Celui qui est m'a envoyé à vous" (Ex 3,14). Être, c'est le nom de ce qui ne peut changer. En effet, tout ce qui change cesse d'être ce qu'il était et commence d'être ce qu'il n'était pas. L'être vrai, l'être pur, l'être authentique, nul ne l'a que Celui qui ne change pas. Celui qui possède l'être véritable, c'est celui à qui l'on dit : "Tu changeras ces choses et elles seront changées, mais toi tu es le même toi-même" (Ps 101,28). Que veut dire : "Je suis celui qui est", sinon : je suis éternel ? Que veut dire : "Je suis celui qui est", sinon : je ne peux changer ? Tel nom est donc son nom d'éternité »* (Ser. 7,7).

Et saint Augustin ressent Dieu bien souvent comme l'éternel, comme l'immuable, comme celui qui est au-delà de tout. Et devant Dieu il se sent pris par le silence et l'adoration. Dieu est tellement grand, tellement plein de beauté et de bonté qu'il ne trouve pas de paroles pour le dire. Devant la gloire de Dieu nous ne pouvons que rester à genoux dans un silence d'adoration. Les mots ne conviennent guère à Dieu.

> *« Tout ce que tu imagines n'est pas lui, tout ce que tu comprendras par la réflexion n'est pas lui ; en effet, si c'était lui, il ne pourrait pas être compris par la réflexion »* (Ser. 21,2).

Il n'y a donc pas de correspondance entre ce que Dieu est et notre parole. Les mots nous manquent pour dire Dieu. L'unique expression digne de Dieu est celle du silence; non d'un silence qui n'a rien à dire, mais d'un silence tellement riche que toute parole l'appauvrit. L'expérience de Dieu ne nous donne pas d'elle-même des moyens pour l'exprimer. La lumière de Dieu est trop éblouissante pour notre intelligence. Dieu devient pour nous vraiment l'inconnaissable. Chaque fois qu'il se révèle, c'est pour nous montrer qu'il est encore plus grand, plus mystérieux que nous ne l'avions jamais pensé. Dieu nous révèle l'écart immense qu'il y a entre Lui et nous. Il est le Tout Autre. Aucun mot ne l'exprime. Il est l'indicible.

> *« Lorsque Moïse a compris ce qu'on lui disait: "Je suis celui qui est; celui qui est m'a envoyé vers vous", il a pensé que c'était bien difficile à comprendre par les hommes, il a vu que c'était bien loin de l'esprit des hommes. Car celui qui a convenablement compris ce que c'est que d' "être" et d' "être" vraiment, et quand on a été si légèrement que ce soit effleuré par la lumière de l'Être absolu, ne serait-ce que l'instant d'un éclair, on se voit bien au-dessous, bien éloigné et bien différent de lui, et il est pareil à celui qui s'écrie: "Moi, je dis dans mon extase". Son esprit, en effet, a été soulevé et il a vu je ne sais quoi, bien au-dessus de lui. Et c'était l'Être véritable. Il s'écrie: "J'ai dit dans mon extase". « Qu'a-t-il dit? "Je suis rejeté de la vue de tes yeux" (Ps 115,11). Ainsi donc, Moïse voyait, mais ce qu'on voyait, c'est qu'il n'était pas du tout de taille à comprendre, non pas ce qu'il voyait, mais ce qu'on lui disait; il était comme incapable de le saisir; aussi, tout enflammé du désir de voir Celui qui est, il disait à Dieu avec qui il parlait: "Montre-toi à moi tel que tu es" (Ex33,18). Moïse était donc très éloigné de cette excellence de l'essence divine et cela le mettait dans une sorte de désespoir. Mais parce qu'il vit sa crainte, Dieu secourut son désespoir en lui disant: Parce que j'ai dit: "Je suis celui qui est", et "Celui qui est m'a envoyé", tu as compris qu'il agissait de l'Être, mais tu as désespéré de le saisir »* (Ser. 7,7).

Ce texte nous montre bien l'expérience de Dieu de saint Augustin. Nous sommes tout à fait incapables de saisir Dieu et bien plus encore de le dire. Et il trouve bien des difficultés à nous communiquer son expérience de Dieu.

> *« A moi aussi, d'ailleurs, mon discours me déplaît presque toujours. Je désire vivement en faire un meilleur, je le goûte intérieurement avant de commencer le développement par des mots sonores. Mais dès que je le juge inférieur à celui que j'avais dans mon idée, me voilà tout triste de constater que ma langue ne suffit pas à mon esprit. Je veux, en effet, que mon auditeur saisisse tout ce que je conçois, et je sens que je ne m'exprime pas de manière à y réussir. La raison en est surtout que cette conception intuitive inonde mon âme, à la façon d'un éclair rapide, tandis que mon discours est lent et fort différent d'elle »* (De cat. rud. 2,3).

Pourtant Dieu n'est pas tout simplement l'éternel, l'immuable. Dieu est amour. L'Amour est le nom propre de Dieu. Et l'amour est de se donner, de s'offrir. Et Dieu, parce qu'il est amour, cherche à être avec nous. Dieu n'est pas quelqu'un de lointain. Il est tout proche de nous.

> *« Mais toi, tu étais plus intime que l'intime de moi-même et plus élevé que les cimes de moi-même »* (Conf. III, 6,11).

Dieu nous cherche. Il veut être avec nous. Et nous pouvons parcourir toute l'Écriture et nous n'y trouverons que ce désir de Dieu d'être avec nous. Dieu n'est pas quelqu'un sans visage ; il a un cœur qui bat comme notre cœur. Mais Dieu ne s'impose jamais. Il a un respect absolu de chacun de nous. Dieu respecte toujours notre liberté. C'est lui qui l'a créée et ce n'est ni pour la pétrifier ni pour la violer. Dieu ne dit jamais "je veux", mais tout simplement "si tu veux". Il suggère, il invite. Dieu ne s'impose pas. C'est la discrétion de Dieu. Il ne se montre ni dans la force de l'ouragan, ni dans le tremblement de terre, mais dans le passage de la brise légère (1 R19,11-13). Dieu est amour, et parce qu'il est amour, il a un respect absolu de nous. Aimer quelqu'un, c'est vivre de façon à le reconnaître pour ce qu'il est et non pour ce que je voudrais qu'il soit. L'amour rend toujours l'autre plus autre, plus lui-même. Pour saint Augustin Dieu n'est qu'Amour.

> « *Tel étant donc son nom d'éternité, c'est en plus que Dieu a daigné prendre un nom de miséricorde : "Je suis le Dieu d'Abraham et le Dieu d'Isaac et le Dieu de Jacob" (Ex3,15). Le premier nom, s'il voulait être seulement ce qu'il est en soi, nous, alors, que serions-nous ?.. Relève ton espoir : "Je suis le Dieu d'Abraham, le Dieu d'Isaac et de Jacob". Je suis ce que je suis, je suis l'être même, je suis avec l'être même, mais non point tel que je ne veuille aussi être présent aux hommes. Nous avons donc un moyen de chercher le Seigneur et de suivre la trace de Celui qui est. Il n'est d'ailleurs pas loin de chacun de nous, car c'est en lui que nous avons la vie, le mouvement et l'être (Ac17,27-28). Adressons alors d'ineffables louanges à son Être et notre amour à sa miséricorde* » (Ser. 7,7).

A l'écart de l'amour, Dieu se fait incompréhensible. L'amour est donc notre voie d'accès à Dieu. Dieu, on ne le connaît que par amour. Saint Augustin ne cesse de nous le dire.

> « *Apprends à aimer ton ennemi… A mesure que l'amour grandit en toi te façonnant et te ramenant à la ressemblance de Dieu, il s'étend jusqu'aux ennemis afin que tu sois semblable à Celui qui fait lever son soleil non seulement sur les bons et les méchants… A mesure que tu accèdes à la ressemblance, tu progresses en amour et tu commences à sentir Dieu* » (En. in ps. 99,5).

L'amour sera, pour saint Augustin, la clé qui nous permet d'entrer dans la vie la plus intime de Dieu, dans tous ses mystères. Les mystères de Dieu, mystère de la Trinité, de l'Incarnation, de la Révélation et combien d'autres, se font tout à fait incompréhensibles en dehors de l'amour. Voilà pourquoi l'amour est le lieu où nous devons chercher Dieu. Plus encore, connaître l'amour, c'est connaître Dieu. Celui qui ne sait pas ce que veut dire aimer, écouter, accueillir, ne rencontrera jamais le Seigneur. Nous sommes aussi près de Dieu que des personnes qui souffrent, qui ont besoin de nous. La charité, le partage nous font donc connaître Dieu. Dieu vient vers nous quand nous allons vers les autres. *« Quiconque aime est né de Dieu et parvient à la connaissance de Dieu. Qui n'aime pas n'a pas découvert Dieu »* (1 Jn 4,7-8).

Écoutons donc saint Augustin :

> *« On te dit : aime Dieu. Si tu me demandes : montre-moi celui que je dois aimer, que répondrai-je sinon ce que Jean lui-même enseigne : Dieu, nul ne l'a jamais vu ? Néanmoins, pour que tu n'ailles pas t'imaginer que cette vision de Dieu t'est totalement étrangère, le même Apôtre dit encore : Dieu est charité et celui qui demeure dans la charité demeure en Dieu. Aime ton prochain… c'est là que tu verras Dieu autant qu'il sera possible »* (In Joh. ev. 17,8).

Prière :

« Ô éternelle vérité et vraie charité et chère éternité ! C'est toi qui es mon Dieu, après toi que je soupire jour et nuit ! Quand pour la première fois je t'ai connue, tu m'as soulevé pour me faire voir qu'il y avait pour moi l'Être à voir, et que je n'étais pas encore être à le voir. Tu as frappé sans cesse la faiblesse de mon regard par la violence de tes rayons sur moi, et j'ai tremblé d'amour et d'horreur. Et j'ai découvert que j'étais loin de toi dans la région de la dissemblance, comme si j'entendais ta voix me dire des hauteurs : je suis l'aliment des grands ; grandis et tu me mangeras. Et tu ne me changeras pas en toi, comme l'aliment de ta chair ; mais c'est toi qui seras changé en moi. » (Conf. VII, 10,16).

« TU VOIS LA TRINITÉ SI TU VOIS LA CHARITÉ »

> *« Lorsque nous en vînmes à la charité, appelée Dieu par les Saintes Écritures, le mystère s'éclaira quelque peu avec la Trinité de l'aimant, de l'aimé et de l'amour. Mais cette lumière ineffable éblouissait notre regard »* (De Trinit. 15,6,10).

Le mystère de la Trinité est le mystère le plus important de la foi chrétienne. Tous les autres mystères – mystère de l'Incarnation, de la Révélation, de l'Eucharistie ou n'importe quel autre – ne sont que des explicitations de ce mystère de la Trinité. Saint Augustin a bien compris la place que ce mystère de Dieu doit tenir dans notre vie. Il en fait le centre et le fondement de sa méditation et de sa réflexion théologique. Et, à ce mystère, il consacrera un livre très personnel : *Sur la Trinité*. Le mystère de la Trinité nourrit sa vie spirituelle et il veut aussi qu'il nourrisse la nôtre.

Le mystère de la Trinité est tout d'abord un mystère de Dieu et, de même, notre attitude à son égard doit être une attitude d'adoration. Nous devons nous approcher de lui comme Moïse du buisson ardent : en « déchaussant » nos cœurs. *« N'approche pas d'ici. Retire tes sandales de tes pieds, car le lieu où tu te tiens est une terre sainte »* (Ex 3,5). Pour nous approcher de ce mystère de Dieu, il nous faut donc purifier notre cœur, car ce sont les cœurs purs qui voient Dieu.

> *« "Personne n'a jamais vu Dieu" (Jn 1,18) ; c'est une réalité invisible qu'il ne faut point chercher avec les yeux, mais*

avec le cœur. Mais de même que pour voir le soleil, nous purifions les yeux qui nous permettent de le voir, de même, si nous voulons voir Dieu, purifions les yeux qui nous permettent de le voir. Où est ce soleil? Écoute l'Évangile : "Heureux les cœurs purs car ce sont eux qui verront Dieu" (Mt5,5). Celui qui a la charité voit tout en même temps. Habite en elle et elle habitera en toi ; demeure en elle et elle demeurera en toi » (In Joh. ep. 7,10).

Pour contempler le mystère de la Trinité il nous faut faire donc la conversion de notre amour. L'égoïsme, et tout péché est un péché d'égoïsme, ne nous laisse pas connaître les personnes telles qu'elles sont. Il nous fait tout voir à la lumière de nos goûts, de nos propres intérêts. Alors celui qui voit tout à la lumière de l'égoïsme, à la lumière du péché, en réalité il ne voit personne, il se voit tout simplement soi-même ; il n'écoute personne, il s'écoute soi-même.

« C'est une grave erreur de croire qu'on puisse connaître la vérité quand on vit dans le désordre... L'homme qui vit ainsi ne peut contempler la vérité pure, entière et immuable, s'attacher à elle et s'y fixer pour l'éternité. Nous devons donc, avant de purifier notre esprit, croire d'abord ce que nous ne pouvons pas comprendre ; car le prophète a dit justement : "Si vous ne croyez pas, vous ne comprendrez pas" » (De agone christ. 13,14).

Notre attitude face au mystère de la Trinité doit être donc de purifier notre amour car seul l'amour nous permet de connaître Dieu. Notre connaissance de Dieu est à la mesure de notre amour.

« Je vois la charité et autant que je le puis, je fixe sur elle le regard de mon esprit. Je crois à l'Écriture qui dit que Dieu est charité et que celui qui demeure dans la charité demeure en Dieu. Mais, lorsque je la vois, je ne vois pas en elle la

Trinité. Mais si ! Tu vois la Trinité si tu vois la charité » (De Trinit. 8,8,12).

Et saint Augustin s'approche du mystère de la Trinité aussi dans une ambiance de prière et d'humilité. Il est bien conscient que Dieu est trop grand pour que nous puissions le saisir.

> « *La Trinité toute-puissante, qui la comprendra ? Et qui ne parle d'elle, si toutefois c'est d'elle ? Rare est l'âme qui, quand elle parle d'elle, sait de quoi elle parle. On discute, on se bat ; et personne, sans paix, ne voit cette vision... Mais quand il aura trouvé là-dessus quelque chose et qu'il aura dit, qu'il ne pense pas avoir déjà trouvé l'être immuable qui est au-dessus de ces choses, qui est immuablement et connaît immuablement et veut immuablement... Qui pourrait aisément le concevoir ? Qui trouverait un moyen de le dire ? Qui oserait se prononcer à la légère dans un sens quelconque ?* » (Conf. XIII, 11,12).

Plus encore, en réalité ce n'est pas nous qui nous approchons de Dieu, mais c'est plutôt Dieu qui vient à nous, qui sort à notre rencontre. Et nous devons être prêts à l'accueillir. Et c'est l'humilité, exprimée par la prière, qui nous prépare à faire cette rencontre.

> « *Le Dieu Trinité, le Père, le Fils et le Saint Esprit viennent à nous quand nous allons à eux. Il viennent en nous aidant, nous allons en leur obéissant ; ils viennent en éclairant, nous allons en saisissant ; de telle sorte que notre contemplation ne soit pas extérieure, mais intérieure et que leur habitation en nous ne soit pas transitoire, mais éternelle* » (In Joh. ev. 76,4).

Dieu se révèle à nous comme mystère de Trinité, c'est-à-dire comme mystère de communion entre les trois Divines Personnes. Dans ce mystère, le Père se donne en plénitude au

Fils et le Fils au Père, et cette communion se fait dans l'amour de l'Esprit Saint. Les trois Personnes sont différentes, mais jamais séparées entre elles ; elles sont toujours en union, en communion intime entre elles. Elles ne sont qu'un seul Dieu unique. La communion entre le Père, le Fils et l'Esprit Saint est si totale et profonde qu'elle est une Unité. Oui, nous croyons qu'il y a un seul Dieu, mais ce Dieu est Trinité.

Pour saint Augustin, la réalité la plus profonde de Dieu est cette communion entre les Personnes Divines. Il ne songe jamais à un Dieu solitaire, mais à la communion des trois Divines Personnes. Et cette communion est la réalisation la plus parfaite de la charité.

> « *Dieu est charité parce que le Père, le Fils et le Saint Esprit son un* » (In Joh. ep. 10,5).
> « *En effet, celui que Dieu a envoyé dit les paroles de Dieu. Lui-même est le Dieu véridique, et c'est Dieu qui l'a envoyé : Dieu a envoyé Dieu. Réunis-les tous les deux, ils sont un seul Dieu, Dieu véridique envoyé par Dieu. Interroge au sujet de chacun d'eux, il est Dieu. Non que chacun soit Dieu et que les deux soient deux dieux, mais chacun en particulier est Dieu et tous deux ensemble sont Dieu. La Charité de l'Esprit Saint qui les unit est si grande en effet, si parfaite la paix de l'unité que, lorsqu'on est interrogé sur chacun, on te répond qu'il est Dieu et, lorsqu'on est interrogé sur la Trinité, on te répond qu'il est Dieu… Car si, ici-bas, la charité est telle qu'elle fait une seule âme de ton âme et de l'âme de ton ami, comment au ciel le Père et le Fils ne sont ils pas un seul Dieu ? Que jamais la foi sincère n'admette une telle pensée ! A quel point du reste cette Charité l'emporte sur toutes les autres, comprenez-le à ceci : autant il y a d'hommes, autant il y a d'âmes ; s'ils s'aiment, ils forment une seule âme ; néanmoins, on peut encore parler de plusieurs âmes quand il s'agit des hommes car leur union n'arrive jamais à une telle perfection. Là, au contraire, tu peux dire qu'il y a un seul Dieu, mais tu ne peux pas dire qu'il y a deux ou trois dieux.*

Cela te souligne la suréminence et la perfection suprême de cette Charité telle qu'il ne peut en exister de plus grande » (In Joh. ev. 14,9).

L'être donc le plus intime de Dieu est l'Amour. Et le mystère de la Trinité est l'accomplissement le plus parfait de ce que veut dire aimer, de ce que veut dire Dieu est Amour. L'amour nous fait entrer dans le mystère de la Trinité.

« *En réfléchissant sur la charité, qui est appelée Dieu dans les Saintes Écritures (1 Jn 4,16), j'ai commencé à faire entrevoir à l'intelligence, si peu que ce soit, la Trinité elle-même par l'analogie de l'aimant, de l'aimé et de l'amour* » (De Trinit. 15,3,5).

La Sainte Écriture ne nous parle jamais d'un Dieu en soi, mais d'un Dieu pour nous et avec nous. Dieu le Père sera pour nous un fantôme, une imagination si nous ne le voyons comme le Père de Jésus, comme le Père qui nous pardonne et qui nous cherche avec un amour inlassable, comme le Père qui nous a choisis pour devenir ses enfants. Le Père aime le Fils et en son Fils il nous aime tous, et de tout son cœur. Or, aimer c'est vouloir l'autre pour lui-même. Et pour le Fils, pour que nous devenions nous-mêmes, le Père se retire, s'efface. Aimer. C'est vouloir que l'autre soit. Dieu le Père reste toujours très discret à notre égard. Il aime le silence. C'est l'effet de son amour pour nous. En réalité il n'y a jamais d'amour sans pauvreté, sans humilité. Dieu se tait pour nous laisser parler. Dieu s'efface, mais pour que nous soyons nous-mêmes. Et pourtant le Père ne s'éloigne jamais de nous. Il est toujours à côté de nous, mais avec une présence pleine de discrétion et de respect. Il ne se montre que pour autant qu'il faut pour nous inviter à aller vers Lui. Comprendre que Dieu est notre Père, c'est entrer dans la réalité la plus profonde de l'amour. Et, parce que nous sommes bien conscients que Dieu est notre Père et que, dire Père, c'est dire don, générosité, dans nos prières nous commençons toujours par nous adresser à Lui en l'appelant Père et en nous reconnaissant comme ses fils dans son Fils unique Jésus Christ.

> « *Notre Père. Ce nom excite tout à la fois et l'amour : qu'y a-t-il de plus cher pour des enfants qu'un père ? et l'affection dans la prière, puisque nous disons notre Père ; et un certain espoir d'obtenir ce que nous allons demander puisque, avant même de demander, Dieu nous accorde déjà une si grande faveur, la permission de lui dire : Notre Père. Que peut-il en effet refuser à la prière de ses enfants, quand il leur a déjà préalablement permis d'être ses enfants ?* » (De ser. Dmi. in monte II, 4,16).

Et il en est de même pour le Fils. Il n'aurait aucun sens pour nous si nous ne le voyions comme celui qui est né à Bethléem, qui a vécu à Nazareth, qui nous a annoncé la Bonne nouvelle, qui est mort sur la croix, comme celui qui est ressuscité et qui nous fait fils à son image. Dire fils c'est dire, d'abord, accueil, écoute. Jésus, tout au long de l'Évangile, se révèle comme le Fils du Père. Et sa première attitude à l'égard du Père est celle de l'écoute. Il accueille la volonté du Père jusqu'à se laisser habiter par elle, jusqu'à se laisser faire un avec elle.

> « *Comme créateur de ce monde dont les parties qui frappent nos regards sont le ciel et la terre, Dieu était connu dans toutes les nations, avant même qu'elles eussent embrassé la foi en Jésus Christ. Il était connu dans la Judée, comme le Dieu dont le culte ne pouvait être confondu, sous peine de l'outrager, avec les fausses divinités. Mais son nom de Père de Jésus Christ, par qui il efface les péchés du monde, était caché à tous et c'est ce nom que le Fils a manifesté à ceux que son Père lui a donnés du monde* » (In Joh. ev. 106,4).

Tout dans le Fils porte le caractère d' "être reçu". Le Fils est un "être reçu". Il est un "être aimé". Et Jésus, tout au long de l'Évangile, se révèle à nous comme le Fils du Père. Il refuse toujours de s'attribuer sa mission, ses œuvres, son enseignement : *« Je ne suis pas venu de moi-même »* (Jn 7,28 ; 8,42), dira-t-il ; *« le Père qui m'a envoyé m'a prescrit ce que j'ai à dire »* (Jn 12,49) ; *« Moi, je ne puis rien faire de moi-même »* (Jn 5,30). Jésus se reconnaît comme le Fils du Père et il vit dans une permanente action de grâces. Rendre grâces, être reconnaissant, c'est l'expression la plus claire de l'amour d'un fils. Et la prière de Jésus est en tout premier lieu une prière d'action de grâces : *« Père, je te rends grâce de ce que tu m'as exaucé »* (Jn 11,41) ; *« Je te loue, Père, Seigneur du ciel et de la terre »* (Lc 10,21). Et Jésus nous apprend à rendre grâce, à devenir fils comme lui il est le Fils. Et c'est la reconnaissance qui nous identifie à lui.

Et c'est tout pareil pour l'Esprit Saint. Il est celui qui nous a manifesté l'amour du Père et du Fils à la Pentecôte, et c'est lui-même qui nous ouvre les Écritures, qui en elles nous fait découvrir la vie de Dieu, et c'est lui aussi qui fait l'unité de l'Église. Or, l'Esprit Saint se révèle à nous comme Amour. Il est le Don du Père au Fils et du Fils au Père.

> *« Cet Esprit Saint, d'après les saintes Écritures, n'est ni seulement l'Esprit du Père, ni seulement l'Esprit du Fils, mais des deux : par là même, il nous enseigne cette charité commune au Père et au Fils, par laquelle ils s'aiment mutuellement »* (De Trinit. 15,17,27).
> *« L'amour qui est de Dieu est proprement l'Esprit Saint : c'est par lui que se répand dans nos cœurs la charité de Dieu, par laquelle la Trinité tout entière habite en nous. Voilà pourquoi l'Esprit Saint, qui est Dieu, est en même temps très justement appelé le Don de Dieu (Ac 8,20). Par ce Don, que faut-il proprement entendre, sinon la Charité qui conduit à Dieu et sans laquelle tout autre don de Dieu, quel qu'il soit, ne conduit pas à Dieu ? »* (De Trinit. 15,18,32).

Et quand il demeure en nous, il nous fait à son image ; il nous fait don à Dieu et aux autres ; il nous fait prière et communion. L'action de l'Esprit Saint se manifeste en nous comme elle s'est manifestée aux apôtres au moment de la Pentecôte, par l'union entre nous tous. C'est l'Esprit Saint qui fait l'Église. Notre amour est l'effet de la présence de l'Esprit Saint dans notre cœur. Le mystère de la Trinité n'est pas un mystère abstrait qui n'a rien à voir avec notre vie de chaque jour. Il est un mystère vivant : le mystère de la vie de Dieu et de notre propre vie. A l'écart de ce mystère notre vie se fait incompréhensible. Le mystère de la Trinité nous révèle l'être le plus profond de Dieu et notre vérité : ce que nous sommes, ce que nous devons être.

Il nous faut donc prier Dieu avec saint Augustin pour qu'il nous aide à le connaître et à entrer dans le mystère de sa vie la plus intime.

Prière :

> *« Seigneur notre Dieu, nous croyons en toi, Père, Fils et Esprit Saint... Dirigeant mes efforts d'après cette règle de foi, autant que je l'ai pu, autant que tu m'as donné de le pouvoir, je t'ai cherché ; j'ai désiré voir par l'intelligence ce que je croyais ; j'ai beaucoup étudié et beaucoup peiné. Seigneur mon Dieu, mon unique espérance, exauce-moi de peur que, par lassitude, je ne veuille plus te chercher, mais fais que toujours je cherche ardemment ta face (Ps 104,4). Ô toi, donne-moi la force de te chercher, toi qui m'as fait te trouver et qui m'as donné l'espoir de te trouver de plus en plus. Devant toi est ma force et ma faiblesse : garde ma force, guéris ma faiblesse. Devant toi est ma science et mon ignorance : là où tu m'as ouvert, accueille-moi quand je veux entrer ; là où tu m'as fermé, ouvre-moi quand je viens frapper. Que ce soit de toi que je me souvienne, toi que je comprenne, toi que j'aime ! Augmente en moi ces trois dons, jusqu'à ce que tu m'aies reformé tout entier »* (De Trinit. 15,28,51).

LA PLÉNITUDE ET LA FIN DE L'ÉCRITURE EST L'AMOUR

« Mes forces, ô frères, sont peu de chose, mais la puissance de la Parole de Dieu est grande ; qu'elle le soit également dans vos cœurs » (Ser. 42,1).

La sainte Écriture est pour saint Augustin, en tout premier lieu, la Parole de Dieu ; elle est le "Verbe de Dieu" et par le fait même la deuxième Personne de la Sainte Trinité. S'approcher de l'Écriture, c'est s'approcher du Fils dans le mystère de la Trinité. C'est donc à l'intérieur de la Trinité que nous devons lire et méditer l'Écriture.

Le Verbe de Dieu, par le mystère de l'Incarnation, s'est fait homme ; il vient à nous, pour nous révéler la vie de Dieu et, à la fois, nous offrir les moyens de la partager.

L'Écriture est, dans une certaine mesure, une sorte d'Incarnation du Verbe de Dieu. En elle, le Verbe se fait en tout pareil à notre parole, à notre langage, pour se faire comprendre de nous et nous indiquer la route qui nous mène au Père. La lecture et la méditation de l'Écriture nous ouvrent à une certaine "vision de Dieu".

« La Parole de Dieu est une et elle s'étend par toute l'Écriture. Elle est prononcée par toute une multitude de saints et pourtant elle reste une même et unique Parole. Cette Parole étant au commencement Dieu auprès de Dieu et, par le fait même, elle n'avait pas de syllabes, car en elle il n'y avait pas de temps. Et vous ne devez pas vous étonner si, en raison de notre infirmité, elle est descendue jusqu'à se faire

notre parole quand elle a pris la faiblesse de notre corps» (En. in ps. 103,4,1).

Saint Augustin dira à plusieurs reprises que «le Verbe s'est fait notre parole», et il met toujours en relation l'Écriture avec le mystère de l'Incarnation. L'une et l'autre ne sont que des expressions de l'humilité de Dieu et nous ne devons jamais le séparer. Le Christ est donc la lumière qui nous permet de comprendre le mystère de l'Écriture.

> *«Nous devons tout rapporter au Christ si nous voulons marcher sur le sentier droit de l'intelligence... Si dans un passage quelconque de l'Écriture nous n'arrivons pas à saisir le sens, ne nous séparons pas du Christ...; tant que nous ne sommes pas arrivés à trouver Jésus Christ nous n'avons pas vraiment compris le texte»* (En. in ps. 96,2).

La sainte Écriture est, dans une certaine mesure, "l'Incarnation du Verbe" et son but est le même que l'Incarnation: illuminer notre cœur pour que nous arrivions à voir la Vérité. L'Écriture est une aide que le Seigneur nous accorde pour aller plus facilement à lui.

> *«Aussi, puisque nous étions sans force pour trouver la Vérité par un raisonnement limpide, et que pour ce motif nous avions besoin de l'autorité des saintes Écritures, j'avais déjà commencé à croire que, d'aucune façon, tu n'aurais accordé à cette Écriture une autorité aussi prépondérante désormais par toute la terre, si tu n'avais pas voulu, et que par elle on crût en toi, et que par elle on te cherchât»* (Conf. VI, 5,8).

A cause du péché nous ne pouvions pas rejoindre Dieu; nous étions aveugles à la Vérité divine et Dieu est venu à notre aide. Il s'est livré à nous par l'intermédiaire de l'Écriture. Le Verbe de Dieu s'étire dans le temps et s'étend en syllabes.

« De la cité dont nous sommes exilés, des lettres sont venues vers nous ; ce sont les Écritures qui nous exhortent à bien vivre. Que dis-je, des lettres ! Le roi en personne est descendu » (En. in ps. 90, II, 1).

L'Écriture est pour nous à la fois "exemple" et "sacrement".

Saint Augustin ne cesse de nous indiquer que l'Écriture est, tout d'abord, le miroir dans lequel nous devons nous contempler. Elle nous révèle non seulement ce que nous sommes mais aussi, et surtout, ce que nous devons être. Nous devons donc savoir y conformer notre vie. L'Écriture n'est pas un livre de science sur les choses de ce monde qui ne touche en rien notre vie ; elle est un livre de vie, le livre de notre vie et nous devons savoir nous y reconnaître.

« C'est un miroir qui t'est proposé dans ce texte ; vois si tu es ce qu'il annonce ; si tu ne l'es pas encore, gémis pour que tu le sois. Le miroir te fera connaître ta face ; de même qu'il ne saurait te flatter, ne te flatte pas toi-même. Son éclatante pureté te montre ce que tu es ; vois ce que tu es, et, si tu te déplais à toi-même, cherche à n'être plus tel » (En. in ps. 103, I, 4).

Cette approche de l'Écriture comme "miroir" de notre vie est celle de saint Augustin à l'heure d'écrire ses *Confessions.* Dans les *Confessions,* il fait l'analyse de sa vie à la lumière de l'Écriture : il la personnalise, l'intériorise. Il s'approprie les sentiments et le langage de l'homme biblique. Interpréter, lire notre vie à la lumière de l'Écriture, c'est ressentir l'action de Dieu sur nous.

Mais l'Écriture n'est pas tout simplement "exemple", "miroir", elle est aussi pour nous "sacrement". Elle transforme celui qui la médite. La méditation de l'Écriture nous introduit dans le mystère de Dieu. Celui qui accueille la Parole de Dieu est changé, transformé par elle. De même que dans l'Eucharistie le pain et le vin qui sont sur l'autel en accueillant la parole de Dieu deviennent le corps et le sang du

Christ, une transformation pareille se fait dans celui qui écoute, qui se laisse guider par l'Écriture.

Saint Augustin s'approche de l'Écriture comme nous nous approchons de l'Eucharistie. L'une et l'autre constituent pour lui le pain de l'esprit, le pain qui soutient et affermit la foi, l'espérance et la charité. Il s'adonne chaque jour à son étude et à sa méditation et, à la fois, il ne cesse de rompre le pain de l'Écriture par ses commentaires en nous aidant à mieux la comprendre.

La méditation de la Parole de Dieu doit être le fondement de notre vie. Mais cette méditation doit être bien plus qu'un exercice intellectuel. Elle est, en tout premier lieu, une communication, un dialogue avec Dieu. L'Écriture est la Parole que Dieu nous adresse aujourd'hui même et dans la situation concrète qui est la nôtre. Nous devons savoir bien l'accueillir, nous laisser modeler par elle. Saint Augustin nous demande de lire l'Écriture d'une façon vivante. En cherchant, bien sûr, ce qu'elle signifie, mais en cherchant surtout le message personnel que Dieu nous adresse.

Cependant, pour bien nous approcher de l'Écriture, nous avons besoin de toute une préparation. On ne lit pas l'Écriture comme n'importe quel autre livre. Elle est la Parole de Dieu et nous devons nous approcher d'elle comme nous nous approchons du Verbe de Dieu.

> *« C'est seulement par le cœur qu'on voit le Verbe »* (In Joh. ep. 1,1).

Dans la sainte Écriture, le Verbe de Dieu se fait notre langage, il prend le corps de notre parole. Pour entrer dans la méditation de la Parole de Dieu, nous avons besoin en tout premier lieu d'une attitude d'humilité. Dieu ne nous fait pas de grands discours. Il nous parle comme à des enfants et c'est comme des enfants que nous devons devenir pour la comprendre.

> *« Pour débarrasser l'esprit humain de toutes ces erreurs, la*

sainte Écriture, qui se met à la portée des petits, n'a négligé aucune catégorie des choses dont le langage pouvait, si l'on peut dire, nourrir notre esprit, pour lui permettre de grandir peu à peu, en quelque sorte, jusqu'aux réalités divines et sublimes» (De Trinit. 1,1,2).

Saint Augustin ne cesse de nous demander cette attitude d'humilité au moment de méditer l'Écriture. Et il nous le demande à partir de sa propre expérience.

« Oui, c'est moi qui vous parle, moi qui, dans ma jeunesse, avais cherché à m'approcher de la sainte Écriture, mais dans l'attitude présomptueuse de celui qui veut tout d'abord discuter au lieu de m'approcher d'elle avec la piété de celui qui cherche avec humilité... Je cherchais, tout plein d'orgueil, ce que l'on ne peut rencontrer que dans l'humilité» (Ser. 51,6).

L'humilité nous introduit dans une attitude d'écoute, d'accueil. Elle nous révèle l'écart infini qui nous sépare de Dieu, mais, à la fois, elle nous introduit dans une ambiance d'émerveillement devant la manifestation de la gloire de Dieu. L'humilité éveille en nous la capacité de nous émerveiller et nous fait découvrir Dieu. Il faut se faire soi-même en quelque sorte émerveillement pour arriver à sentir la gloire de Dieu. Et c'est l'humilité qui nous donne des yeux et des oreilles pour voir et écouter Dieu. Elles nous rend sensibles à la Parole.

«Si tu t'élèves, Dieu s'écarte de toi; si tu t'humilies, il s'incline vers toi» (Ser. 21,2).

Pour entrer dans le mystère de l'Écriture, nous avons besoin aussi de la prière. Plus encore, nous devons entrer dans la Parole de Dieu tout comme on rentre en prière. La prière est un dialogue avec le Seigneur. En elle, Dieu nous parle et nous parlons à Dieu.

« Ta prière est un entretien avec Dieu. Quand tu lis, c'est Dieu qui te parle ; quand tu pries, c'est avec Dieu que tu parles » (En. in ps. 85,7).

La Parole de Dieu n'est pas une parole abstraite ou impersonnelle. Elle est la parole que Dieu nous adresse ici et maintenant. Pour l'accueillir il nous faut commencer par faire le silence en nous et autour de nous. Avant d'écouter la Parole, nous devons apprendre à écouter son silence.

« De l'agitation qui éclate au-dehors, l'Écriture nous rappelle donc au-dedans ; de ce qui s'agite en surface aux yeux des hommes, elle nous appelle au-dedans. Rentre dans ta conscience, interroge-la. Ne regarde pas ce qui fleurit au-dehors, mais la racine qui est en terre… Rentrez en vous-mêmes, frères ; et en tout ce que vous faites, voyez que vous avez Dieu pour témoin » (In Joh. ev. 8,9).

Jamais nos paroles ne doivent étouffer la Parole de Dieu. Au milieu de ce silence intérieur elle nous pénètre. Un accord s'établit entre elle et nous.

Il est certain que dans l'Écriture il y a des passages obscurs, même difficiles à interpréter. Or cette occultation de la Vérité ne doit jamais nous décourager, car elle a pour but d'exciter notre attention. Dieu se cache pour que nous le cherchions.

« Il est dit dans les saints cantiques (Ps 68,93) : "Cherchez Dieu, et votre âme vivra". Cherchez-le pour le trouver, cherchons-le même après l'avoir trouvé. Pour le trouver, il faut le chercher, car il est caché ; même après l'avoir trouvé, il faut chercher encore, car il est immense. C'est pourquoi il est dit en un autre passage : "Cherchez son visage toujours" (Ps 104,4). Car il remplit celui qui le cherche en proportion de ce qu'il découvre ; et celui qui le trouve devient capable de recevoir davantage, et il cherche de nouveau à se remplir, dès qu'il a commencé à recevoir avec plus d'abondance » (In Joh. ev. 63,1).

L'Écriture est comme le visage, plus encore comme les yeux de Dieu. Pour exciter notre désir de le contempler il nous cache son visage, il ferme ses yeux : ce sont les passages obscurs de l'Écriture. Avec eux il nous force à le chercher, à ouvrir ses yeux.

> *« Ses paupières interrogent les enfants des hommes. Par enfants des hommes, j'entendrais volontiers ici, selon la règle que je me suis prescrite, ceux qui, régénérés par la foi, se sont dépouillés du vieil homme. Ceux-là, en effet, en certains endroits obscurs des Écritures, qui semblent être comme les yeux clos de Dieu, ont à s'exercer pour chercher ; de même, en d'autres, pleins de clarté, qui semblent être les yeux de Dieu qui s'ouvrent, ils reçoivent une illumination qui les met en joie. Cette obscurité et cette révélation, qui souvent se produisent dans les saints Livres, font d'eux comme les paupières de Dieu qui interrogent, c'est-à-dire mettent à l'épreuve les fils des hommes. Ainsi ne sont-ils point fatigués par l'obscurité des choses, mais exercés ; enflés par la connaissance, mais affermis »* (En. in ps. 10, 10, 8).

Pour bien comprendre l'Écriture nous devons surtout savoir la lire à la lumière de la charité. La charité est le critère de discernement pour bien l'interpréter. Saint Paul nous dira : *« L'amour est donc le plein accomplissement de la loi »* (Rm 13,10), et saint Jean : *« Dieu est amour »* (1 Jn 4,8). L'Écriture est donc la Parole de l'Amour. En elle nous ne devons découvrir que l'Amour.

> *« Le point capital de tout ce que nous avons dit… est de comprendre que la plénitude et la fin de la Loi comme de toutes les divines Écritures c'est l'amour… Quiconque s'imagine avoir compris les Écritures ou du moins une partie quelconque d'entre elles sans édifier, par leur intelligence, ce double amour de Dieu et du prochain, ne les a pas encore comprises »* (De doct. christ. 1, 35,39-36,40).

Pour entrer dans le mystère de l'Écriture, nous devons

aussi invoquer l'Esprit Saint. C'est lui qui l'a inspirée et c'est lui, tout seul, qui nous la rendra compréhensible : *« Lorsque viendra l'Esprit de vérité, il vous fera accéder à la vérité tout entière »* (Jn 16,13). De même qu'il est descendu sur la Vierge Marie et en elle la Parole s'est fait chair, il doit aussi descendre sur nous pour que la Parole se fasse chair de notre chair. Au moment de la méditation de l'Écriture nous devons revivre la Pentecôte. Comme Marie et les disciples nous devons entrer en prière, invoquer l'Esprit Saint et savoir l'attendre.

Le principe qui guide saint Augustin dans sa manière de lire, de méditer et d'interpréter l'Écriture c'est qu'elle est, en tout premier lieu, l'œuvre de l'Esprit Saint, lieu de sa présence et de son action. Nous devons donc la lire dans le même Esprit où elle fut écrite.

Voilà pourquoi avant de méditer la Parole de Dieu nous devons demander au Seigneur qu'il nous accorde son Esprit.

Prière :

> *« Seigneur mon Dieu, sois attentif à ma prière, et que ta miséricorde exauce mon désir, car ce n'est pas pour moi seul qu'il bouillonne, mais il veut servir à la charité fraternelle ; et tu vois dans mon cœur qu'il en est bien ainsi.*
> *« Laisse-moi t'offrir en sacrifice le service de ma pensée et de ma langue, et donne-moi de quoi te faire mon offrande : oui, je suis pauvre et indigent, et tu es riche pour tous ceux qui t'invoquent, toi qui, sans souci, prends souci de nous.*
> *« Coupe toute témérité, tout mensonge, au-dedans et au-dehors, autour de mes lèvres. Que je fasse mes chastes délices, de tes Écritures, sans me tromper en elles et sans tromper par elles !..*
> *« Ô Seigneur, parachève-moi et révèle-moi ces pages ! Voici que ta voix fait ma joie, oui ta voix bien plus que les afflux des voluptés. Donne ce que j'aime : j'aime, en effet, et cela, c'est toi qui l'as donné. Ne délaisse pas tes dons, et ta plante ne la dédaigne pas dans sa soif ! »* (Conf. XI, 2,3).

LE CHRIST EST NÉ POUR QUE NOUS RENAISSIONS

> « *Oui, le Christ est né : que personne ne mette en doute s'il pourra renaître* » (Ser. 189,3).

Nous devons savoir récupérer la sensibilité de notre cœur pour ressentir Dieu tout près de nous, pour l'écouter. Mais cette purification du cœur, c'est Dieu lui-même qui nous aide à la faire.

> « *Toute notre occupation en ce monde est de guérir cet œil du cœur qui nous fait voir Dieu. C'est à cette fin qu'est ordonnée la célébration des saints mystères, à cette fin qu'est prêchée la parole de Dieu, vers cette fin que sont dirigées les exhortations morales de l'Église comme celles qui tendent à corriger les mœurs…, c'est en ce sens enfin que s'exerce toute l'action des divines et saintes lettres, guérissant l'œil intérieur de toute impureté qui lui dérobe la vue de Dieu* » (Ser. 88,5).

Il est certain que tout nous parle de Dieu, que tout est une invitation de Dieu à l'aimer. Mais, là où cette parole nous parle avec plus de force et avec plus de clarté, c'est dans le mystère de l'Incarnation. Dans ce mystère, Dieu lui-même vient à nous, il frappe à notre porte pour nous réveiller à lui.

Le mystère de l'Incarnation a été le mystère de la conversion de saint Augustin et il doit être aussi le mystère de notre propre conversion. Jusqu'au moment de découvrir ce mystère, Dieu était pour lui un être lointain, qui habitait en dehors de tout et au-delà de tout. Et voilà que Dieu se fait humble, petit, en tout pareil à nous. Augustin se sent saisi par cette humilité de Dieu et d'autant plus que pour lui l'humilité est l'expression de l'amour. L'humilité est disponibilité, écoute, se mettre au service les uns des autres. Voilà pourquoi est vraiment humble celui qui, tout d'abord, aime :

> « *Le Fils de Dieu, qui est la Vérité même, à mis la vérité à notre portée en se faisant homme* » (De civ. Dei XI, 2).

Mais si Dieu vient à nous, c'est pour nous amener à lui ; il se fait notre route, le lait de ces petits que nous sommes. Dieu, par le mystère de l'Incarnation, nous révèle la voie qui nous amène à lui.

> « *Et je cherchais la voie, pour acquérir la vigueur qui me rendrait capable de jouir de Toi ; et je ne trouvais pas, tant que je n'avait pas embrassé le Médiateur entre Dieu et les hommes, l'Homme Jésus Christ, qui est au-dessus de tout, Dieu béni à jamais ; il appelle et il dit : "Je suis la voie, la vérité et la vie" ; et la nourriture que par faiblesse je ne pouvais prendre, il la mélange à la chair, puisque le Verbe s'est fait chair, afin que par notre enfance ta Sagesse devînt du lait, elle par qui tu as créé toute chose* » (Conf. VII, 18,24).

Le mystère de l'Incarnation est le mystère sur lequel Augustin revient tout au long de sa vie : c'est le mystère qui nous révèle la vraie réalité de Dieu.

L'Incarnation du Christ manifeste, de la part de Dieu, sa volonté de partager notre propre existence, pour nous aider à retourner à lui. Par son Incarnation, Dieu se penche vers nous et nous tend sa main pour nous redresser. Seule cette initiative d'amour de la part de Dieu permet d'expliquer que le Fils Unique, le Verbe de Dieu, se soit fait homme.

> « *Tu te relèveras mieux, si celui qui ne tombe pas te redresse.*

Il est descendu à toi, celui qui ne tombe pas ; tu étais tombé, il est descendu, il t'a tendu la main ; tu ne peux te relever avec tes propres forces : saisis la main de celui qui descend vers toi, pour être relevé par celui qui est fort » (En. in ps. 95,7).

En vérité nous ne pouvons aller à Dieu qu'en suivant le chemin que Dieu lui-même a pris pour venir à nous.

« *Si tu cherches la Vérité, suis la Voie ; car la Voie, c'est aussi la Vérité. C'est ce où tu vas, c'est par où tu vas... C'est par le Christ que tu viens au Christ. Comment au Christ par le Christ ? Au Christ Dieu par le Christ homme. Par le Verbe fait chair au Verbe qui était au commencement auprès de Dieu* » (In Joh. ev. 13,4).

Le mystère de l'Incarnation nous manifeste tout d'abord le don que Dieu nous fait : c'est Lui-même qui se donne à nous. Il veut faire de nous ses enfants, ses fils à l'image de Jésus, son Fils Unique. Dieu naît pour que nous renaissions à lui. La naissance de Jésus est un appel à renaître à Dieu.

Dans le mystère de l'Incarnation Jésus nous est donné pour que le visage de Dieu illumine notre propre visage. Mais la naissance de Jésus à Noël est bien plus qu'un fait de l'histoire. Elle est surtout la présence de Dieu parmi nous ; plus encore, il nous offre toutes les conditions dont nous avons besoin pour reconnaître Dieu dans notre vie. Dieu veut naître, Dieu veut habiter dans notre vie, et les conditions de la naissance de Jésus sont les mêmes que celles de la naissance de Dieu dans notre cœur. Voilà pourquoi il est de tout intérêt de bien connaître les circonstances qui entourent la naissance de Jésus : elles continuent à s'accomplir dans notre vie.

« *Oui, la Vérité est née de la terre, parce que le Christ est né de la Vierge. Et la justice nous a regardés du Ciel, pour que, par elle, les hommes reviennent à la sagesse, eux qui, par l'injustice, étaient tombés dans la folie. Nous étions*

mortels; les péchés nous écrasaient; nous portions le fardeau de nos punitions. Tout homme en naissant commence par être malheureux. Inutile sur ce point de consulter un prophète. Interroge celui qui naît! Vois ses pleurs! Et quand telle était sur terre la divine malédiction, quelle bénédiction est donc apparue soudain? "La Vérité est née de la terre". Il a créé toutes choses, et il est né parmi les choses! Il a vu le jour, celui qui a fait le jour. Le Christ, le Seigneur éternel qui n'a pas de commencement auprès du Père, a maintenant son anniversaire de naissance. Et s'il n'avait pas eu de naissance humaine, lui, Verbe de Dieu dès le commencement, nous n'aurions pu obtenir la naissance nouvelle de la grâce. Il est né pour que nous puissions renaître. Oui, le Christ est né: que personne ne mette en doute s'il pourrait renaître» (Ser. 189,3).

Jésus naît, tout d'abord, au milieu de la nuit. La nuit a un sens d'obscurité et, par le fait même, de désorientation. Au milieu de la nuit nous nous sentons perdus, nous ne savons plus où diriger nos pas. La nuit est l'expression du péché. Dans la nuit arrivent les dangers et la peur nous prend. Nous ne sommes pas sûrs. Et à ce moment-là, au milieu de la nuit, nous risquons de nous arrêter car nous avons peur de nous engager. Nous cherchons un refuge, une grotte, soit dans le passé, soit dans nos idées et, pour justifier nos comportements, nous nous mettons à rêver.

Dieu nous a créés pour lui, orientés vers lui et notre repos ne se trouve qu'en lui. Or nous pouvons orienter notre vie vers les choses, vers les réalités de ce monde et nous cherchons en elles repos et soutien. Et à ce moment-là tout devient donc pour nous obscurité, nuit. L'esprit qui ne s'oriente pas vers Dieu se condamne à l'erreur. Il se rend inapte à la vérité. C'est un esprit égaré.

« Cette vie ne mérite pas le nom de vie! appelons-la plutôt une ombre de vie. Et cela nous rappelle Adam fugitif qui,

après avoir offensé Dieu par son péché, cherche à éviter la face de son Seigneur en se cachant sous les feuilles qui jettent de l'ombre sur nos abris : on eut dit, en effet, cet esclave "qui fuit son maître et qui cherche l'ombre" » (Ser. 351,3).

Voilà le sens de la nuit. Et c'est au milieu de la nuit, de cette obscurité que naît Jésus.

> « *D'après la parole de saint Paul : "En effet le Dieu qui a dit : que du sein des ténèbres brille la lumière" (2 Co 4,6), cette lumière qui brille au sein des ténèbres est symbolisée par le Seigneur avec sa naissance au milieu de la nuit. La lumière qui jaillit des ténèbres est le Christ nouveau-né* » (Ser. 223, D. 2).

Et le Christ est la lumière au milieu de la nuit par son humilité : autant l'orgueil obscurcit notre cœur, autant l'humilité l'éclaire.

Le Christ est né au milieu de notre nuit pour nous illuminer : « *Je suis la lumière du monde. Celui qui vient à ma suite ne marchera pas dans les ténèbres* » (Jn 8,12). Et c'est à chacun de nous de savoir orienter sa propre vie d'après la lumière de Jésus, d'après son étoile. Jésus à Bethléem nous offre une nouvelle naissance.

> « *Au commencement était le Verbe et le Verbe était en Dieu ; tout a été fait par Lui ; et voici que le Verbe s'est fait chair et il a habité parmi nous. Écoutez comment cela c'est fait. Assurément à ceux qui croient en son nom, il a donné le pouvoir de devenir fils de Dieu ; et ceux à qui il a donné le pouvoir de devenir fils de Dieu ne doivent pas penser qu'il est impossible de devenir fils de Dieu. Le Verbe s'est fait chair et il a habité parmi nous. Ne pensez pas que ce soit trop pour vous de devenir fils de Dieu : pour vous, il est devenu fils de l'homme, lui qui était le Fils de Dieu. S'il s'est fait moins, lui qui était plus, ne peut-il faire que, du moins que nous étions, nous puissions être quelque chose de*

plus ? Il est descendu vers nous, et nous ne monterions pas vers lui ? » (Ser. 119,5).

La deuxième caractéristique qui entoure la naissance de Jésus est la solitude. Saint Luc nous dira : « *Or pendant qu'ils étaient là, le jour où elle devait accoucher arriva ; elle accoucha de son fils premier né, l'emmaillota et le déposa dans une mangeoire, parce qu'il n'y avait pas de place pour eux dans la salle d'hôtes* » (Lc 2,6-9).

La vérité la plus radicale et la plus profonde, de ce fait, est que, là où il y avait de la place pour tout le monde, il n'y avait pas de place pour Jésus. Et Jésus naît seul, en dehors de la ville, tout comme il mourra sur la croix, seul, en dehors des murs de Jérusalem.

Nous sommes toujours infectés par un "moi" possessif : nous voulons être uniques, tout seuls dans ce monde, sans laisser aucune place aux autres. Nous vivons fermés sur nous-mêmes. Nous faisons de notre vie une citadelle bien fortifiée. Autant la vie de Dieu unit, car elle est communion, communication, autant le péché, tout péché, nous éloigne les uns des autres. Et, à partir de ce moment-là, nous entrons dans un monde sans partage, dans un monde fermé sur lui-même, où règne la solitude la plus totale. Et c'est justement dans ce monde sans partage, sans communion, que le Christ naît. Il naît en dehors de la ville, dans la solitude d'une étable toute délabrée, sans portes ni fenêtres. Solitude bien sûr matérielle, mais surtout solitude spirituelle. Au milieu d'un individualisme fermé, Jésus vient faire naître la communion. Le Christ vient pour nous unir, nous réunir autour de lui, car la vraie communion se fait toujours en lui ; elle est « *d'avoir un seul cœur et une seule âme en Dieu* » (Reg. 1,1).

« *Il n'y a pas de véritable amitié, si toi tu ne la cimentes entre des êtres qui sont unis entre eux grâce à la charité répandue dans nos cœurs par l'Esprit Saint qui nous a été donné* » (Conf. IV, 4,7).

Les bergers viennent à Jésus comme viennent à lui aussi les Mages. Il réunit autour de lui toutes les personnes et tous les peuples.

> « *Écrions-nous à haute voix : "Gloire à Dieu au plus haut des cieux, et sur la terre paix aux hommes de bonne volonté". De plus étudions, avec toute la force de notre attention, le sens de ces divines paroles, de ces louanges divines, de ce chant angélique ; méditons-le avec foi, espérance et charité. Car, conformément à ce que nous croyons, à ce que nous espérons et à ce que nous désirons, nous aussi nous glorifierons Dieu au plus haut des cieux, lorsque à la résurrection de notre corps devenu spirituel nous serons transportés dans les nues au-devant du Christ ; pourvu toutefois que, durant notre séjour sur la terre, nous unissions la paix à la bonne volonté* » (Ser. 193,1).
>
> « *Pour annoncer Jésus Christ aux bergers d'Israël, nous avons lu que les anges étaient descendus du ciel ; et pour amener les Mages des confins de l'Orient au berceau du Sauveur, une étoile parut jetant un vif éclat dans le ciel. Soit qu'il s'agisse des Juifs avertis par les anges, soit qu'il s'agisse des Gentils guidés par une étoile étincelante, il est toujours vrai de dire que "les cieux ont raconté la gloire de Dieu" ; et c'est par ces prémices de la foi des peuples à la nativité du Sauveur, "que notre pierre angulaire" s'est manifestée. Ils ont cru, et bientôt ils ont prêché Jésus Christ. Avertis par la voix des anges, les bergers ont cru ; les Mages aussi ont adoré, eux qui venaient de pays si éloignés. De son côté, Jésus Christ, qui était venu "annoncer la paix à ceux qui étaient loin et à ceux qui étaient près", reçut, dans la paix, chacun de ces peuples ; car "il est lui-même notre paix, ayant formé des uns et des autres l'unité"* » (Ser. 202,1).

Jésus, par sa naissance, a daigné devenir le compagnon de nos solitudes. L'étoile de Jésus brille au milieu de l'obscurité pour nous faire voir les autres et nous ouvrir à la communion.

Voilà pourquoi, après sa naissance, les anges du ciel communient avec les hommes; les bergers se mettent en route vers Jésus, plus encore vers les autres, pour leur communiquer la bonne nouvelle: *« Après avoir vu, ils firent connaître ce qui leur avait été dit au sujet de cet enfant; et tous ceux qui les entendirent furent étonnés de ce que leur disaient les bergers »* (Lc 2,17). Ils deviennent les premiers missionnaires de Jésus. Ils accomplissent le chant des anges: *« Gloire à Dieu au plus haut des cieux et sur la terre paix pour ses bien-aimés »* (Lc 2,14).

Prière:

> *« Que ma bouche chante la louange du Seigneur: de ce Seigneur par qui tout a été fait; qui, parmi toutes les choses qui ont été faites, a été fait lui-même; qui est le Révélateur de son Père et le Créateur de sa Mère. Fils de Dieu, né du Père, sans mère; Fils de l'homme, né d'une Mère, sans père; lui, la grande clarté des anges, et tout petit dans la clarté des hommes. Verbe, Dieu avant tous les temps, et chair au temps choisi par lui. Créateur du soleil et créé sous le soleil; si grand dans la forme de Dieu, si petit dans la forme d'esclave, sans que cette petitesse ne diminue en rien la grandeur ni que cette grandeur n'opprime en rien la petitesse... Sous le vêtement d'une chair infirme, reçu dans le sein d'une vierge, il ne s'y est point enfermé, et, tout en continuant de distribuer aux anges sa sagesse comme nourriture, à nous aussi il permet de goûter "combien le Seigneur est doux" »* (Ser. 187,1).

« VOICI LE CHRIST NOUVEAU-NÉ ; GRANDISSONS AVEC LUI » (Ser. 196,3)

« Tu te relèveras mieux, si celui qui ne tombe pas te redresse. Il est descendu à toi, celui qui ne tombe pas : tu étais tombé, il est descendu, il t'a tendu la main ; tu ne peux te relever avec tes propres forces : saisis la main de celui qui descend vers toi, pour être relevé par celui qui est fort » (En. in ps. 95,7).

Le mystère de Noël est notre propre mystère. La naissance du Christ doit être notre propre naissance à Dieu. Par sa naissance, Jésus nous apprend à naître, car nous sommes appelés à devenir fils de Dieu, à appeler Dieu "notre Père".

Or les conditions de la naissance de Jésus sont les conditions de notre naissance à Dieu. A plusieurs reprises, l'Évangile nous parle du Royaume de Dieu : de sa naissance, comment il grandit et comment nous pouvons y entrer. Le Royaume de Dieu est justement ce petit Enfant de Bethléem qui veut grandir dans notre vie, qui veut naître dans notre cœur. Il nous faut donc savoir rencontrer Jésus, l'accueillir et grandir avec lui. Et les conditions pour le rencontrer et pour l'accueillir, le mystère de Noël nous les offre.

Il est très intéressant d'analyser les différents comportements des personnes qui tournent autour de ce mystère de Noël ; leurs comportements sont nos propres comportements : les comportements qui nous rapprochent ou qui nous éloignent de Jésus.

Les habitants de Bethléem

Parlant de la naissance de Jésus, saint Luc nous dira : *« Or pendant qu'ils étaient là, le jour où elle devait accoucher arriva ; elle accoucha de son fils premier né, l'emmaillota et le déposa dans une mangeoire, parce qu'il n'y avait pas de place pour eux dans la salle d'hôtes »* (Lc 2,6-7).

La vérité la plus radicale de ce fait, c'est que, là où il y avait de la place pour tout le monde, il n'y avait pas de place pour Jésus. Les habitants de Bethléem étaient tellement pris par leurs travaux, leurs soucis, leurs occupations et préoccupations que, là où il y avait de la place pour tout le monde, il n'y avait pas de place pour le Seigneur, et il va naître ailleurs.

Ce passage de l'Évangile s'accomplit peut-être aussi dans notre vie. Nous sommes tellement pris par nos occupations et nos préoccupations, par nos travaux, que, dans notre cœur, là où il y a de la place pour tout le monde, il n'y a pas de place pour le Seigneur et, aujourd'hui comme jadis, il est obligé de naître ailleurs, loin de nous, loin de notre cœur. Pour que Jésus arrive à naître dans notre vie, il nous faut lui faire une place dans notre cœur.

> *« Il veut loger chez toi ; fais-lui une place. Qu'est-ce à dire : fais-lui une place ? Aime-le sans t'aimer toi-même. T'aimer toi-même, c'est lui fermer la porte. L'aimer, c'est au contraire la lui ouvrir. Si tu lui ouvres, et qu'il entre, tu ne périras pas en t'aimant, puisque tu seras avec celui qui t'aime »* (En. in ps. 131,6).

Plus encore, pour que Jésus arrive à naître dans notre vie, il nous faut surtout savoir l'attendre. Jésus est un don. Mais le don n'est reçu que par celui qui l'attend. Or, si nous n'avons pas besoin de Lui, si nous n'attendons rien de Lui, nous le laisserons passer à côté. Le mystère de Noël met en question toute notre vie. Attendons-nous vraiment Jésus ? Éprouvons-nous vraiment le besoin de Jésus ? Attendre Jésus, c'est lui offrir notre cœur. Mais pour lui offrir notre cœur, il nous faut tout d'abord le posséder. Les habitants de Bethléem en fermant les portes de leurs maisons, ferment, tout d'abord, la porte de leur cœur, de leur amour et n'arrivent pas à reconnaître Jésus. La Lumière n'entre pas en eux et ils deviennent obscurité.

La charité fraternelle est donc ici-bas le chemin de la connaissance de Dieu ; Dieu est connu dans cette expérience de l'amour. Voilà pourquoi saint Augustin nous dira :

> « *On ne rentre dans la Vérité que par la charité* » (Cont. Faust. Manich. 32,8).

Les habitants de Bethléem sont riches. Leur cœur est plein de soucis matériels. Ils ne pensent qu'à eux mêmes, à leur réputation devant leurs familiers et leurs amis. Et celui qui est pris par les choses matérielles ou par soi-même se ferme aux autres et ne reconnaît pas le Seigneur.

Dieu est Dieu parce qu'il se donne. Il est Amour infini, don infini et, par là même, il n'a rien. Dieu est le Pauvre et, la pauvreté, seul la connaît celui qui est pauvre. Les riches, les orgueilleux ne connaissent pas Dieu. Il leur manque la sensibilité du cœur.

> « *Je parle de l'humilité du Christ, mes frères. Mais qui dira la majesté du Christ et la divinité du Christ ? Toutes nos explications, tous nos mots pour dire de quelque manière l'humilité du Christ révèlent notre insuffisance, ou plutôt notre impuissance : nous vous laissons le soin de méditer la totalité de ce mystère, nous ne pouvons pas parvenir à vous le faire entendre. Méditer l'humilité du Christ. Mais, répondras-tu, qui nous expliquera, si, toi, tu ne nous en parles pas ? Qu'il parle, lui, au-dedans de vous. Celui qui habite en vos cœurs vous en parle bien mieux que celui qui crie au-dehors. Qu'il vous découvre lui-même la grâce de son humilité, celui qui a commencé à habiter dans vos*

cœurs. Mais si déjà nous sommes impuissants à vous expliquer totalement l'humilité, qui pourrait parler de sa majesté ? Si nous sommes troublés en face du Verbe fait chair, qui expliquera : "Au commencement était le Verbe" ? Tenez donc, mes frères, ce fondement solide » (In Joh. ev. 3,15).

Les bergers

Face aux comportements des habitants de Bethléem, saint Luc nous propose comme sujet de réflexion le comportement des bergers. *« Il y avait dans le même pays des bergers qui vivaient aux champs et montaient la garde pendant la nuit auprès de leur troupeau. Un ange du Seigneur se présenta devant eux »* (Lc 2,8-9).

Les bergers étaient mal vus en Israël, car ils vivaient d'habitude en marge de la communauté juive. Ce sont des petits, des pauvres, des méprisés. Et voilà que le Seigneur passe devant eux et frappe à leur porte. Et ils accueillent l'appel du Seigneur et ils le rencontrent. Aujourd'hui, comme jadis, c'est tout simplement celui qui fait attention aux autres, qui attend quelque chose des autres, le pauvre, l'indigent, celui qui n'est pas enfermé par toutes sortes de murs, qui rencontrera le Seigneur. Pour entendre les pas du Seigneur qui passe, il nous faut garder silence. Le Seigneur se donne à celui qui le cherche, à celui qui l'attend.

Les bergers sont des pauvres et la pauvreté en esprit est la condition absolument nécessaire pour faire l'expérience de Jésus. Jésus lui-même nous a dit : *« La Bonne Nouvelle est annoncée aux pauvres »* (Mt 11,5). Les pauvres selon l'esprit, ce sont des personnes qui ne se regardent pas, parce que leur trésor est ailleurs. Ils sont tout à fait ouverts à la Lumière, aux autres. La pauvreté vraie nous fait rencontrer Jésus, car elle nous identifie à Lui. Connaître, c'est naître à l'autre. La connaissance est plus affaire d'amour que d'intelligence. Or, Jésus est pure générosité, don absolu. Il est le Pauvre. Et, par sa naissance, il nous apprend à n'être possédés par rien, à grandir dans le silence. Seuls les pauvres, les vrais pauvres, connaîtront Jésus.

« Humble je suis venu ; pour enseigner l'humilité, je suis venu ; comme maître d'humilité, je suis venu. Qui vient à moi devient humble, qui s'attache à moi sera humble, car il fera non sa volonté mais celle de Dieu » (In Joh. ev. 25,16).

Les bergers étaient des pauvres. Ils accueillent l'annonce de l'ange. Ils lui offrent toute leur confiance. Et ils se mettent en route. Rencontre celui qui cherche, mais cherche celui qui a vraiment besoin de ce que l'on cherche. Le pauvre d'esprit cherche Dieu comme l'unique raison de sa vie.

Le chemin qui mène à Jésus, le chemin qui nous met en route vers Jésus est toujours la pauvreté du cœur. Comme à Bethléem, c'est dans l'endroit le plus pauvre de notre vie, dans le coin le plus humble, le plus abandonné de notre vie, que Jésus continue à naître.

Pour rencontrer Jésus, il nous faut aussi savoir quitter nos brebis, le « troupeau » de nos idées toutes particulières, de nos entêtements, de nos désirs privés et, comme de vrais pauvres, partir, à la suite des bergers. Comme eux, nous trouverons Jésus, nous ferons son expérience.

« Si tu veux devenir grand, commence par te faire petit. Tu songes à construire une haute maison, creuses-en très bas les fondations. Oui, plus tu te proposes d'élever très haut la masse de l'édifice, en un mot de le faire grand, plus il faut pousser les fondements en profondeur. Mais si la construction, à mesure qu'elle avance, s'élève vers le ciel, celui qui creuse les fondations l'enfonce au contraire dans la terre. Donc la construction elle-même, avant de s'élever, s'abaisse, et ce n'est qu'après s'être ainsi abaissée qu'elle reçoit son couronnement. Quel couronnement rêvons-nous de placer sur l'édifice en construction ? et jusqu'où doit s'élever le faîte ? Je le dis sans hésiter : jusqu'à la vision de Dieu. Vous voyez à quelle hauteur il nous faut monter et quelle chose sublime est la vision de Dieu ! » (Ser. 69,2-3).

Le roi Hérode

Un comportement semblable à celui des habitants de Bethléem et à celui des bergers, nous le rencontrons chez le roi Hérode et chez les Mages.

Le roi Hérode, comme les habitants de Bethléem, mène sa vie enfermé dans son pouvoir, dans son autorité. Il n'écoute personne, car il n'a besoin de personne. Il s'écoute tout simplement soi-même. De ce fait, il n'entend pas le pas du Seigneur qui passe, comme il ne voit pas non plus l'étoile de Dieu. Les remparts que son égoïsme et son orgueil élèvent autour de son cœur sont bien plus hauts que les remparts qui entourent son château. Voilà pourquoi il ne fait pas la plus petite des démarches pour rencontrer Jésus. Il n'a besoin de personne, il n'a pas besoin de Jésus : il ne met sa confiance en personne. Il croit tout simplement en son pouvoir, en son savoir.

Il est de notre intérêt de nous attarder sur les comportements du roi Hérode. C'était tout d'abord un païen qui avait usurpé le trône d'Israël. Il prétendait aussi récupérer les prophéties pour faire croire qu'elles parlaient de lui et, plus grave encore, il ment aux Mages. Il tue la vérité, l'innocence, la pureté du cœur, tant par l'hypocrisie et le mensonge que par le massacre des enfants et ce qu'ils représentent à l'égard de Dieu. *« Si vous ne changez et ne devenez comme les enfants, non, vous n'entrerez pas dans le Royaume des cieux »* (Mt 18,3).

Hérode reste aveugle à l'étoile de Dieu, car il a tué le regard pur et innocent des enfants. Un cœur droit, pur, honnête est la condition absolument nécessaire pour rencontrer Dieu.

> *« "Heureux les cœurs purs, ils verront Dieu" (Mt 5,8). La Lumière brille dans les ténèbres et les ténèbres ne l'ont pas comprise ». Ô hommes, ne soyez pas ténèbres, ne soyez pas infidèles, injustes, iniques, rapaces, avares, amis de ce siècle : telles sont en effet les ténèbres. La lumière n'est pas absente, mais vous, vous êtes absents à la Lumière :*

l'aveugle qui se tient au soleil a la présence du soleil, mais lui-même est absent au soleil. Ne soyez donc pas ténèbres » (In Joh. ev. 3,5).

Face à cette attitude du roi Hérode, l'Évangile nous propose comme sujet de réflexion le comportement des Mages. Ils connaissent le cours des étoiles et les révolutions des planètes. Ils connaissent les lois de la nature. Ce sont des sages. Et voilà qu'ils arrivent à découvrir dans leur ciel une étoile qui ne cadre pas avec leur science. Ils regardent cette étoile de plus près. Ils vérifient. Ils s'interrogent. Ils s'ouvrent à elle. Jamais ils ne disent : « Cela n'est pas possible. » Ils cherchent et se mettent en route pour demander conseil. Jamais ils ne se renferment sur eux mêmes. Les Mages ont une âme d'enfant. Pour rencontrer Jésus-Enfant, il nous faut nous conformer à Lui. Il nous faut devenir enfants pour avoir accès à Dieu. *« Si vous ne changez et ne devenez comme les enfants, non, vous n'entrerez pas dans le Royaume des cieux »* (Mt 18,3).

Devant tant d'événements de notre vie que nous n'arrivons pas à saisir, nous ne devons jamais essayer de nous en débarrasser : ce sont toujours des étoiles qui nous annoncent la naissance de Dieu dans notre vie, qui viennent nous réveiller de la routine ou de l'apathie.

Et pourtant le Seigneur veut nous guérir. Pour nous guérir, il s'est fait homme. Il est né parmi nous pour nous apprendre à naître à nous-mêmes. Or cette naissance exige de nous la transformation de notre vie, de notre forme habituelle de vivre. Il nous faut devenir comme des enfants : *« Si vous ne changez et ne devenez comme les enfants, non, vous n'entrerez pas dans le Royaume des cieux »* (Mt, 18,3).

Cette conversion que nous tous nous devons faire est justement ce passage qui va des habitants de Bethléem aux bergers, du roi Hérode aux Mages, de l'orgueil à l'humilité. Nous devons donc savoir retrouver l'enfance et nous y arriverons, à condition de vouloir ouvrir les yeux pour regarder tout avec le regard de Dieu.

« Tout ce que nous faisons ici-bas, toutes nos bonnes œuvres, nos efforts, nos louables ardeurs, nos innocents désirs nous font aboutir à ce terme au-delà duquel nous ne rechercherons plus rien : la vision de Dieu. En effet, que peut chercher encore celui qui possède Dieu, et comment satisfaire celui à qui Dieu ne suffit pas ? Ce que nous voulons, ce que nous cherchons, ce que nous désirons ardemment, c'est de voir Dieu. Qui éprouve ce désir ? Mais écoutez ces paroles : bienheureux ceux qui ont le cœur pur, parce qu'ils verront Dieu. Préparez donc les yeux qui doivent le voir ; car pour me servir d'une comparaison empruntée aux objets extérieurs, pourquoi désirez-vous voir le lever du soleil avec les yeux malades ? Que vos yeux soient sains, et vous contemplerez cette lumière avec joie ; mais s'ils sont malades, cette lumière sera pour vous un supplice. Sans la pureté du cœur, vous ne pourrez jamais contempler ce qui est réservé exclusivement aux cœurs purs. Vous serez repoussés, éloignés, vous ne serez point admis à cette sublime vision. "Bienheureux ceux qui ont le cœur pur, parce qu'ils verront Dieu" » (Ser. 53,6).

Prière :

« Qui me donnera de reposer en toi ? Qui me donnera que tu viennes dans mon cœur et que tu l'enivres, afin que j'oublie mes maux et que j'embrasse mon unique bien, toi ? Qu'es-tu pour moi ? Aie pitié, pour que je parle ! Que suis-je moi-même pour toi, pour que tu m'ordonnes de t'aimer, et que, si je ne le fais, tu t'irrites contre moi, et me menaces d'immenses malheurs ?... Dis-moi au nom de tes miséricordes, Seigneur mon Dieu, ce que tu es pour moi. Dis à mon âme : ton salut, c'est moi. Dis-le de façon que je l'entende » (Conf. 1, 5,5).

MARIE EST UNE ÉTOILE AU MILIEU DE LA NUIT

> *« Ô toi, bonté toute puissante, qui prends souci de chacun d'entre nous comme si tu prenais souci de lui seul, et de nous tous ensemble, comme s'il s'agissait de chacun en particulier »* (Conf. III, 11, 19).

Dieu ne cesse de nous appeler à lui. Et Dieu nous appelle par tous les événements de l'univers et de l'histoire, par tous les événements de notre vie. Tout est parole de Dieu, tout nous demande de revenir à Dieu :

> *« Dieu de fidélité qui nous avertis de retourner à toi... Dieu, à qui nous devons de ne pas périr complètement ; Dieu, qui nous avertis de veiller »* (Sol. I, 1,2-3).

Mais pour nous attirer à lui avec plus de force, lui-même se met à notre portée ; il prend notre langage même, nos comportements mêmes, et ne cesse de nous dire : *« Suis-moi ! »*

> *« Le Verbe s'est fait chair, afin que votre Sagesse, ô Dieu, par laquelle vous avez tout créé, devînt le lait de notre enfance »* (Conf. VII, 18,24).

Le Christ s'adresse à nous aujourd'hui, comme jadis il s'est adressé aux bergers et au Mages. Dieu appelle les bergers par les anges : *« Il vous est né aujourd'hui, dans la ville de David, un Sauveur qui est le Christ Seigneur »* (Lc 2,11).

Les anges sont les messagers de Dieu et ange est aussi toute personne, comme par ailleurs tout événement qui nous porte un message de la part de Dieu. Il nous faut savoir discerner les signes, les anges que le Seigneur nous envoie et qui ne cessent de nous dire : *« Allez à Bethléem : un Sauveur vous est né. »* Les anges, les vrais messagers de Jésus sont comme le bruit d'une brise légère. Ils nous invitent à la vie et à la paix.

Dieu appelle les Mages par une petite étoile. Dans le firmament de notre vie, il y a aussi de nouvelles étoiles, de nouvelles lumières qui nous invitent à nous mettre en route pour chercher le Seigneur. Chaque personne est lumière de Dieu. Dieu y est présent.

Il nous faut avoir des yeux pour voir les étoiles qui brillent dans le firmament de notre vie. Et c'est la Vierge Marie qui nous révèle les dispositions de notre cœur, celles dont nous avons besoin pour voir la lumière de Dieu. Les bergers, comme les Mages, *« y allèrent en hâte et trouvèrent Marie, Joseph et le nouveau-né couché dans la mangeoire »* (Lc 2,16) ; *« Entrant dans la maison, ils virent l'enfant avec Marie, sa mère »* (Mt 2,11). Marie se trouve toujours avec Jésus. Pour rencontrer Jésus, nous devons donc avoir les mêmes dispositions que Marie, devenir la Vierge Marie. On ne s'approche de Jésus que par Marie.

> *« Marie n'est pas la nuit, mais une étoile au milieu de la nuit ; c'est pour cela que l'enfantement de Jésus a été indiqué par une étoile qui a conduit, une large nuit, les Mages d'orient, à adorer la lumière pour que s'accomplisse aussi en eux "que la lumière brille au milieu des ténèbres" »* (Ser. 223, D.2).

Le Seigneur se tient devant notre porte et frappe. Il mendie chez nous un logement. Nous devons savoir ouvrir nos portes à ce Dieu mendiant. Et c'est là que la Vierge Marie prend tout son sens pour nous. Dieu nous invite à l'accueillir. Et le modèle, l'exemple de notre attitude à l'égard de cette invitation que nous fait le Seigneur, est justement la Vierge Marie.

« Marie, dira saint Luc, *était accordée en mariage à Joseph. »* Il nous faut lire ce texte à la lumière de la mentalité de l'époque. Marie, selon l'habitude du temps, a été donnée en mariage sans qu'on lui ait demandé son avis. Son avenir est déjà tout tracé par ses parents. Aucun espace de liberté pour elle, aucune initiative personnelle. Fiancée à Joseph, elle sait déjà la vie qui l'attend en regardant autour d'elle la façon de vivre des autres femmes de Nazareth.

Et voilà que dans cette vie toute déterminée, Dieu fait irruption et va renverser ce que les habitudes des hommes ne veulent ou ne peuvent pas changer. Il va renverser toute la vie de Marie. Il commence par donner la parole à Marie : Dieu, le premier, lui demande son avis. Dieu fait de Marie une femme libre. Dieu a fixé son regard sur elle et l'invite à bannir toute peur, toute crainte : *« Sois sans crainte, Marie, car tu as trouvé grâce auprès de Dieu »* (Lc 1,30) Plus encore, il lui demande une réponse ; il lui demande son avis. Et le "oui" de Marie au projet de Dieu est la possibilité pour chacun de nous de collaborer aussi avec Dieu, pour renverser nos routines, les vieilles habitudes qui nous paralysent, qui ne nous laissent pas être ce que Dieu veut de nous. Dieu vient nous libérer. Il nous faut nous laisser libérer par lui.

> *« Pour nous qui croyons au Christ, demeurons dans sa parole. En y demeurant, nous serons véritablement ses disciples, car il n'a pas pour disciples que ses douze Apôtres, il a encore tous ceux qui demeurent dans sa parole. Ainsi nous connaîtrons la vérité, et la Vérité, c'est-à-dire le Christ, le Fils de Dieu qui a dit : "Je suis la Vérité", la Vérité nous délivrera ; elle nous rendra libres ; elle nous affranchira, non pas du joug des barbares, mais de la tyrannie du démon, non pas de la captivité qui pèse sur le corps, mais de l'iniquité qui enchaîne l'âme. Seul d'ailleurs il peut nous procurer cette liberté. Que nul donc ne se croie libre, s'il ne veut rester esclave. Mais notre âme ne restera point dans l'esclavage, puisque chaque jour il lui remet ses dettes »* (Ser. 134,6).

Mais le "oui" de Marie, comme le "oui" de chacun de nous au projet de Dieu, ne se fait pas sans questions. Marie ne voit pas clair. L'écart entre la vie que nous menons et la vie que Dieu vient nous offrir est trop grand. Marie *« fut très troublée et elle se demandait ce que pouvait signifier cette salutation »* (Lc 1,29). Pourtant Marie accorde toute sa confiance au Seigneur, elle accepte l'action libératrice de Dieu sur elle. Elle accueille dans son cœur la parole que Dieu lui adresse. *« Je suis la servante du Seigneur, que tout se passe pour moi comme tu me l'as dit. »* Et Marie devient la Mère de Dieu. Par sa foi elle fait naître Jésus.

Marie, au moment de l'Annonciation, nous fait comprendre tous les appels que Dieu nous adresse au cœur de notre vie. Et ce que Marie a vécu au moment de l'Annonciation est justement ce que nous tous nous sommes appelés à vivre au cours de notre vie. Marie est l'exemple de la personne humaine qui se sent touchée par la grâce de Dieu, qui l'accueille et en fait le fondement de sa vie.

Dieu intervient dans notre vie et la foi porte justement sur cette action de Dieu sur nous. Dieu frappe à notre porte et, vivre de la foi, c'est découvrir ce que Dieu a fait et continue à faire en nous. La vie de chacun de nous est une histoire sainte, l'histoire de l'action de Dieu sur nous. Notre vie est forte de tout un ensemble d' "annonciations". Et Marie nous apprend comment nous devons faire pour les accueillir. La Vierge Marie nous familiarise avec la forme d'agir de Dieu sur nous.

> *« Marie a fait la volonté du Père, et c'est pourquoi il est plus grand pour elle d'avoir été une disciple du Christ que d'avoir été la mère du Christ; c'est pour elle une béatitude plus grande d'avoir été disciple du Christ que d'avoir été la mère du Christ. Ainsi donc, Marie était heureuse parce qu'avant même de l'enfanter elle porta le Maître en son sein. Vois si ce que je dis n'est pas vrai. Comme le Seigneur passait au milieu des foules qui le suivaient et opérait des miracles, une femme s'écria: "Heureux le sein qui t'a porté!" Et le Seigneur, pour qu'on ne recherche pas le bonheur dans la chair,*

qu'a-t-il répondu? "Heureux plutôt ceux qui écoutent la parole de Dieu et qui la gardent" (Lc 11,27-28). Marie elle-même était donc heureuse parce qu'elle écouta et garda la parole de Dieu; elle garda la Vérité en son esprit plus que la chair en son sein. Le Christ est Vérité, le Christ est chair; le Christ Vérité fut dans l'esprit de Marie, la chair du Christ dans le sein de Marie; mais ce qui est dans l'esprit est plus grand que ce qui est porté dans la chair» (Ser. 72A, 7).

Or la toute première attitude de Marie face aux événements de sa vie est la réflexion. Saint Luc le remarque à plusieurs reprises: *«Et elle se demandait ce que pouvait signifier cette salutation»* (Lc 1,29), *«Et sa mère retenait tous ces événements dans son son cœur»* (Lc 2,51). Marie est une femme de réflexion.

«Dans les paroles de Zacharie, l'ange avait découvert une absence de foi; il avait remarqué le doute, le manque de confiance, et l'ange le lui fit voir en lui enlevant l'usage de la voix, pour le punir de n'avoir pas cru. Quant à sainte Marie: "Comment cela se fera-t-il? Car je ne connais pas d'homme!" Reconnaissez ici son vœu de virginité. Mais en disant: "Comment cela se fera-t-il?", elle cherche la manière: elle ne met aucunement en doute la toute-puissance de Dieu. "Comment cela se fera-t-il?" Tu m'annonces un fils: tu vois mon cœur préparé, mais explique-moi la manière. Et l'ange, nous le voyons, sait très bien que chez elle cette interrogation n'exclut pas la foi. Il la voit qui cherche, mais qui garde sa confiance en Dieu, et il ne refuse pas de l'instruire» (Ser. 291,5).

Tous les événements qu'elle a vécus, elle les garde dans son cœur et les interprète. La foi n'est pas obéissance aveugle. La foi, quand elle est vécue en profondeur, est une foi active qui entend, qui interprète et vit la Parole de Dieu qui nous est adressée. Mais la foi n'est jamais un acquis. Elle est toujours à construire, à revivre et à refaire. La vie publique de Jésus contesté ou écouté, rejeté ou suivi, est pour Marie l'occasion d'un approfondissement de sa foi. En elle il y a un affrontement entre la mère qui aime son fils de tout son cœur et la croyante qui suit le Sauveur. Chaque jour, elle doit se conformer au choix qu'elle a fait au moment de l'Annonciation : reconnaître en Jésus bien plus que son fils, la Parole de Dieu qui est venue demeurer parmi nous, qu'il nous faut entendre et mettre en pratique. En Marie il y a un tiraillement entre la maternité qui possède et l'obéissance à la volonté de Dieu qui dépossède.

Cette foi de Marie s'exprime d'une façon très frappante dans le mystère de la Visitation. Les détails que nous offre l'Évangile sur la Visitation sont très riches de sens pour bien saisir à quoi nous engage notre vie de foi. *« En ce temps-là, Marie partit en hâte pour se rendre dans le haut pays, dans une ville de Juda »* (Lc 1,39).

Au moment de l'Annonciation, Marie a cru ce qui lui a été dit de la part du Seigneur. Croire signifie situer notre vie dans l'espace de la Parole de Dieu, lier notre vie à elle ; donc, quitter tout ce qui nous appartient pour n'être qu'à Dieu. Voilà pourquoi Marie, dans l'Annonciation, rejoint la parole qu'Abraham entendit : *« Quitte ton pays... » ; « Sors... » ; « Désinstalle-toi. »* Et Marie se met en route. Se mettre en route, c'est "tout quitter", entrer dans la pauvreté du cœur pour n'appartenir qu'à Dieu tout seul. Marie quitte sa maison pour n'avoir qu'une seule maison : la Parole de Dieu. Elle ne se laisse guider que par la lumière de Dieu.

Marie entre chez Zacharie et salue Élisabeth. Elle salue Élisabeth au sens le plus propre et le plus profond du terme : elle lui apporte le salut, tout comme l'Ange le lui a apporté à elle. Marie devient donc l'Ange de l'Annonciation d'Élisabeth. Voilà pourquoi, *« lorsqu'Élisabeth entendit la salutation de Marie, l'enfant bondit dans son sein et Élisabeth fut remplie du Saint Esprit »* (Lc 1,41). Dieu est Amour et l'amour est de se donner. Marie, toute pleine de Dieu, toute pleine de grâce, ne peut que donner Dieu.

Il est intéressant de constater que saint Jean n'appelle jamais Marie par son nom. Il l'appelle toujours "la Mère de Jésus", alors qu'il emploie régulièrement le nom de Marie pour désigner d'autres femmes : Marie de Béthanie, Marie de Magdala, Marie de Cléophas. L'omission du nom de Marie est, pour saint Jean, tout à fait intentionnelle. Il veut nous montrer le don le plus absolu de Marie à Jésus. Marie n'est que "la Mère de Jésus".

Or, il nous faut constater aussi un autre fait de l'Évangile qui nous éclaire sur la mission de Marie dans notre vie. De même que saint Jean parle de "la mère de Jésus" d'une forme anonyme, il parle aussi, d'une façon anonyme, du "disciple que Jésus aimait". Et voilà que, tous les deux, la mère et le disciple, sont là, à côté de la croix. *« Près de la croix de Jésus se tenait debout sa mère… Voyant ainsi sa mère et près d'elle le disciple qu'il aimait, Jésus dit à sa mère : "Femme, voici ton fils". Il dit ensuite au disciple : "Voici ta mère". Et depuis cette heure-là, le disciple la prit chez lui »* (Jn 19,25-27).

« Le disciple que Jésus aimait » est, comme Marie, l'homme de la foi et le représentant de nous tous, de ce que nous devons être. Marie est et doit être la Mère de tous les disciples de Jésus, de tous ceux qui accueillent la Parole de Dieu et la font fructifier.

Et saint Jean nous dira : *« Et depuis cette heure-là, le disciple la prit chez lui »* (Jn 19,27). Et saint Augustin de commenter :

> *« Mais en quel chez lui Jean reçut-il la Mère du Sauveur ? Il était certainement du nombre de ceux qui lui avaient dit : "Voilà que nous avons tout abandonné pour vous suivre", et comme les autres, il avait entendu cette réponse : "Quiconque aura abandonné tout cela à cause de moi recevra le centuple en cette vie." Ce disciple avait donc reçu le centuple de ce qu'il avait quitté ; c'était assez pour y recevoir la Mère de Celui qui en avait fait don. Mais, au moment où le bienheureux Jean avait reçu ce centuple, il faisait partie d'une société où nul ne possédait rien en propre, et où toutes*

choses étaient mises en commun, suivant ce qui est écrit dans les Actes des Apôtres ; car les disciples de Jésus étaient comme n'ayant rien et possédant tout. Comment donc le disciple et le serviteur a-t-il reçu la Mère de son Maître et Seigneur chez lui, puisque personne parmi les Apôtres ne s'attribuait rien en propre ?» (In Joh. ev. 119,3).

Donc l'expression "le disciple la prit chez lui" a un sens bien plus profond. Le "disciple que Jésus aimait" accueille Marie comme sa "mère" dans ce qu'il a de plus propre en tant que disciple, dans ce qui le fait vraiment disciple, c'est-à-dire dans la foi. Le disciple accueille Marie comme sa mère dans la foi. Et nous tous, disciples de Jésus, nous devons vivre notre foi, accueillir Jésus, écouter sa parole comme Marie l'a accueillie, comme Marie l'a écoutée.

Chacun de nous doit être la Vierge Marie. Avoir ses mêmes dispositions pour rencontrer Jésus dans notre vie.

> *« Un mot enfin à vous tous ; voici donc ce que j'ai à vous dire, à vous… Ce que vous admirez extérieurement en Marie, reproduisez-le dans l'intérieur de votre âme. Croire de cœur pour être justifié, c'est concevoir le Christ : confesser de bouche pour être sauvé, c'est l'enfanter »* (Ser. 191,4).

Prière :

> *« Eh bien, Seigneur, agis ! Réveille-nous et rappelle-nous ! Enflamme et ravis ! Sois feu et douceur ! Aimons ! Courons ! N'est-il pas vrai que beaucoup sortent d'un gouffre d'aveuglement plus profond… pour revenir vers toi, et s'approchent et sont illuminés en recevant la lumière, et que ceux qui la reçoivent, reçoivent de toi le pouvoir de devenir tes fils ? »* (Conf. VIII, 4,9).

RETIENS L'ÉTRANGER SI TU VEUX RECONNAÎTRE LE CHRIST

« Apprends à aimer... A mesure que l'amour grandit en toi, te façonnant et te ramenant à la ressemblance de Dieu... tu commences à sentir Dieu » (En. in ps. 99,5).

Aujourd'hui, plus que jamais, nous avons besoin de faire l'expérience de Jésus dans notre vie car, en dehors de cette expérience de Jésus, il n'y a pas de vraie vie chrétienne.

Il est certain que Jésus nous a promis de rester toujours avec nous, à côté de nous : *« Et moi, je suis avec vous tous les jours jusqu'à la fin des temps »* (Mt 28,20).

Le problème de faire l'expérience de Jésus ou de le ressentir tout près de nous ne se pose donc pas à partir de Lui, car il est toujours là, à côté de nous ; le problème se pose à partir de nous, car bien souvent nous sommes absents à lui. Pourtant Jésus est vivant, il est ressuscité, son cœur bat comme notre cœur. Et, comme aux disciples, il s'adresse aujourd'hui même à nous, pour nous dire : *« Et vous, qui dites-vous que je suis ? »* (Mt 16,15).

Qui est le Christ pour moi, pour chacun de nous ? Donner une réponse à cette question exige que nous fassions un examen de notre vie. Nous risquons de vivre de formules vides de sens, d'habitudes desséchées et, par ce fait même, bien plus que vivre nous sommes vécus par ce que l'on dit, par ce que l'on fait, par la mode du moment. Et voici que le Christ vient aujourd'hui même mettre en question toutes nos routines. *"Et pour toi, qui suis-je ?"*, ne cesse-t-il de nous demander. Or, cette question est en tout premier lieu une question sur notre vérité, sur la vérité de notre vie.

Pour donner une réponse juste à cette question, nous devons commencer par vivre la vie même de Jésus. Connaître Jésus, c'est naître à Lui : *« A moins de naître de nouveau, nul ne peut voir le Royaume de Dieu »* (Jn 3,3). *« Celui qui fait la vérité vient à la lumière »* (Jn 3,21). Il nous faut donc nous identifier à lui : il est notre Vérité.

Dieu nous a fait à l'image de son Verbe. De ce fait même, le Verbe est notre Vérité, le modèle d'après lequel nous avons été créés.

> *« Telle est la Forme par laquelle tout fut déterminé »* (De div. qu. 85, q. 23).

Chacun de nous, créé à l'image du Verbe, porte en lui-même son empreinte. L'homme est donc un mystère sacré. Le Verbe de Dieu est présent en nous. Tout homme en tant qu'image de Dieu est une fenêtre ouverte vers Dieu. Nous n'avons pas en nous-mêmes le centre de gravité. Notre être est donc tout orienté vers Dieu.

Dieu nous attire à lui et ne cesse de nous appeler. Ce n'est donc pas nous qui allons vers Dieu, c'est plutôt Dieu qui nous attire à lui. C'est Dieu qui provoque notre amour. Or, bien souvent, nous ne ressentons pas cet appel de Dieu. Nous sommes dans l'obscurité. Et voilà que Dieu vient à notre aide. Lui-même se fait homme pour nous révéler la voie qui nous conduit à lui.

> *« Le Fils de Dieu, qui est la Vérité même, a mis la vérité à notre portée en se faisant homme »* (De civit. Dei XI, 2).

Vouloir aller à Dieu, à notre vérité en dehors du Christ, c'est nous condamner à l'échec. Il n'y a pas d'autre voie pour aller à Dieu que le Christ. L'imitation du Christ est un impératif pour nous. Il est notre Vérité et nous devons apprendre à modeler notre vie sur la sienne.

> « *Si tu cherches la Vérité, suis la Voie, car la Voie est aussi la Vérité. C'est là où tu vas, c'est ce par où tu vas... C'est par le Christ que tu viens au Christ... Au Christ Dieu par le Christ homme ; par le Verbe fait chair, au Verbe qui était au commencement auprès de Dieu* » (In Joh. ev. XIII, 4).
> « *Homme, tu ne pouvais pas accéder à Dieu ; Dieu se fait homme afin que, toi, homme qui peux accéder à l'homme mais qui ne pourrais accéder à Dieu, tu arrives par un homme jusqu'à Dieu, et le Christ Jésus homme s'est fait médiateur entre Dieu et les hommes... Dieu s'est fait homme pour qu'en suivant un homme, ce que tu peux faire, tu parviennes à Dieu, ce que tu ne pouvais pas faire* » (En. in ps. 134,5).

Nous devons donc faire route avec Jésus. Vivre dans le plus intime de notre cœur le passage de l'Évangile sur les disciples d'Emmaüs, car ce passage exprime bien la réalité la plus concrète et la plus profonde de notre vie.

Le Christ vient de mourir et deux de ses disciples, pris par la peur, quittent Jérusalem. Ils retournent à leur maison d'Emmaüs tout découragés, l'air sombre. Face à tant de difficultés comme nous en rencontrons autour de nous, nous aussi, nous risquons de perdre de vue Jésus et de même de perdre toute espérance de le rencontrer.

Et nous marchons tout seuls. Nous menons notre vie dans la solitude. Or la solitude, l'isolement est la mort.

> « *Après sa résurrection, le Seigneur Jésus rencontra en chemin deux de ses disciples qui parlaient ensemble de ce qui était arrivé et il leur dit : "De quoi parliez-vous en chemin, que vous soyez si tristes ?" (Lc 24,17). Ce passage de l'Évangile nous apporte une grande leçon, si nous savons l'entendre. Jésus apparaît, il se montre aux yeux des disciples, et il n'est*

pas reconnu. Le Maître les accompagne sur le chemin, et il est lui-même le Chemin; mais eux ne sont pas encore sur le vrai Chemin: quand Jésus les rencontre, ils ont perdu ce Chemin. Lorsqu'il demeurait avec eux, avant sa passion, il leur avait bien tout prédit: ses souffrances, sa mort, sa résurrection le troisième jour. Il leur avait tout annoncé; mais sa mort leur avait fait perdre la mémoire» (Ser. 235,1-2).

Pourtant en eux reste une étincelle d'amour, de présence à l'autre; ils parlent entre eux, ils discutent: *«Or, comme ils parlaient et discutaient ensemble, Jésus lui-même les rejoignit et fit route avec eux»* (Lc 24,15). Le seul fait de converser avec quelqu'un, c'est déjà beaucoup et cela constitue bien souvent le fondement de tout acte de foi. On parle à l'autre, parce qu'on a tout au moins un peu de confiance en lui. La méfiance réduit toujours l'autre au silence: on n'attend rien de lui, pas même un mot, une parole.

Et Dieu commence par faire route avec nous. Il met sa confiance en nous. C'est lui qui commence le dialogue avec Adam caché à sa présence: *«Adam, où es-tu?»* Dieu est un Dieu de dialogue et de communication.

Et Dieu commence par remettre en question nos communications. Les questions que Jésus pose à ses disciples, et qu'il continue à nous poser à nous tous, constituent une remise en question de ce qui nous semble acquis: *«Quels sont ces propos que vous échangez en marchant? Alors ils s'arrêtèrent, l'air sombre»* (Lc 24,17). Pour nous ouvrir à l'espérance, il commence par nous mettre en condition d'expliciter les peurs qui nous habitent. Jésus ne cesse de nous interroger: *«Quels sont ces propos que vous échangez?»* Quels sont les thèmes de nos conversations?

«"Nous espérions, disent-ils, qu'il délivrerait Israël." Comment, disciples, vous espériez, et maintenant vous n'espérez plus? Mais le Christ vit, et en vous l'espérance est morte! Oui, le Christ vit. Mais le Christ vivant a trouvé

morts les cœurs de ses disciples. Il apparaît à leurs yeux, et ils ne le perçoivent pas : il se montre, et il leur reste caché. S'il ne se montrait pas, comment ses disciples pourraient-ils entendre sa question et y répondre ? Il chemine avec eux et semble les suivre, et c'est lui qui les conduit. Ils le voient mais ne le reconnaissent pas, "car leurs yeux, dit le texte, étaient empêchés de le reconnaître" » (Ser. 235,2).

Et Jésus commence par les inviter à faire mémoire. "Faire mémoire", c'est reconnaître l'amour de Dieu à notre égard. Quand le Peuple d'Israël se sent attiré par les comportements des peuples païens qui l'entourent et qu'il commence à faire de même, le Seigneur l'invite toujours à faire mémoire : *« Souviens-toi, Israël, de tout ce que le Seigneur a fait pour toi. »* "Faire mémoire", c'est redécouvrir la rencontre de Dieu avec son Peuple, exemple et modèle de toute vraie rencontre de Dieu avec nous : *« Et, commençant par Moïse et par tous les prophètes, il leur expliqua dans toutes les Écritures ce qui le concernait »* (Lc 24,27). Jésus les aide à "faire mémoire". Jésus est toujours le même. Il continue à s'adresser à nous, comme jadis il s'adressait à ses disciples. Il n'a pas changé. Nous devons donc savoir "faire mémoire".

Mais nous ne pouvons pas faire mémoire par nous-mêmes ; nous avons besoin d'un autre pour sortir de l'oubli. Nous avons besoin de la parole évocatrice de l'autre pour nous souvenir. Et Jésus, avec sa parole, guide notre mémoire tout comme il guide nos pas : il donne sens à notre vie. Dieu nous invite à vivre sous sa lumière, en sa présence, à donner un sens, une orientation à notre vie.

Jésus commence par nous montrer qu'il n'y a pas de coupure entre l'Ancien et le Nouveau Testament : la Parole de Dieu est une et toujours la même. Tout nous parle de Jésus. La Sainte Écriture est la parole que Dieu nous adresse. En elle, Dieu nous invite à partager l'amitié avec lui. Or, l'amour provoque l'amour. Et la réponse à l'amour de Dieu, qui nous est révélé, manifesté dans la Sainte Écriture, est toujours la demande: *« Reste avec nous »*. Les deux disciples invitent Jésus à rester avec eux. Ils lui offrent leur maison, mais surtout ils lui offrent leurs cœurs. Et Jésus se donne à celui qui l'invoque; il se donne en rompant le pain, expression de sa mort sur la croix, où Jésus se rompt pour nous. C'est la révélation de la réalité la plus profonde de Dieu. Pour rencontrer Jésus, nous devons faire la même expérience, l'expérience du don, l'expérience de l'amour. Les disciples d'Emmaüs reconnaissent Jésus dans l'accueil. *« Quiconque aime est né de Dieu et parvient à la connaissance de Dieu »* (1 Jn 4,7).

> *« Eh bien! mes frères, quand le Seigneur a-t-il voulu se manifester? A la fraction du pain. Nous pouvons en être sûrs: en partageant le pain, nous reconnaissons le Seigneur: il n'a voulu être reconnu qu'à ce moment à cause de nous qui ne le verrions pas dans la chair et mangerions pourtant sa chair. Qui que tu sois, croyant qui ne portes pas en vain le nom de chrétien et qui n'entres pas pour rien à l'église, toi qui écoutes avec crainte et espérance la Parole de Dieu, trouve ton réconfort dans le partage du pain. L'absence du Seigneur n'est pas une absence. Crois seulement, et celui que tu ne vois pas est avec toi. Quand Jésus leur parlait, les disciples n'avaient pas la foi; et parce qu'ils ne le croyaient pas ressuscité, eux-mêmes n'espéraient pas pouvoir revivre. Ils avaient perdu la foi; ils avaient perdu l'espérance. Morts, ils marchaient avec un vivant. Morts, ils marchaient avec la Vie. La Vie marchait avec eux, mais leurs cœurs n'étaient pas encore revenus à la vie. Et toi, si tu veux la vie, fais ce qu'ils ont fait, et tu reconnaîtras le Seigneur. Ils ont reçu l'étranger: le Seigneur était comme un voyageur qui va au loin, mais ils ont su le retenir. "Lorsqu'ils arrivèrent à destination, ils lui dirent: reste ici avec nous, car le soir approche." Retiens l'étranger, si tu veux reconnaître le Sauveur. Ce que le doute avait fait perdre, l'hospitalité l'a rendu. Le Seigneur a manifesté sa présence au partage du pain »* (Ser. 235,3).

Si nous voulons donc connaître le Christ, nous devons faire son expérience même, l'expérience de l'amour à l'égard des autres. Celui qui aime son prochain voit Dieu. Le partage, la charité nous font connaître le Christ. Le Christ vient vers nous quand nous allons vers les autres. Vivre en union, en communion avec Jésus, exige de nous de vivre en union, en communion avec les autres. L'union de l'âme et du cœur entre nous est le lieu, l'espace où Dieu se rend présent et c'est là où nous devons le rencontrer.

> «*Dieu est Charité et celui qui demeure dans la charité demeure en Dieu. Aime ton prochain... c'est là que tu verras Dieu autant qu'il sera possible*» (In Joh. ev. 17,9).

Or, aimer c'est attendre quelque chose de l'autre; c'est se mettre à son écoute. Aimer est bien plus que de donner. Aimer est surtout savoir écouter, savoir recevoir, savoir accueillir. Mais notre amour n'est jamais premier. Il est toujours réponse, mais répond celui qui tout d'abord sait écouter, qui sait accueillir, qui attend quelque chose de l'autre.

> «*Rien de plus excellent que le chemin de la charité, mais seuls les humbles sont capables d'y marcher*» (En. in ps. 141,7).

Prière :

> «*Ô Vérité, lumière de mon cœur, ne laisse pas mes ténèbres me parler! J'ai coulé vers les choses d'ici-bas et je suis devenu obscurité; mais de là, même de là, je t'ai profondément aimée. J'ai erré, et je me suis souvenu de toi. J'ai entendu ta voix derrière moi me disant de revenir, et j'ai mal entendu dans le tumulte des gens inapaisés. Et maintenant voici que je reviens, tout brûlant et haletant vers ta source. Que nul ne m'écarte! que j'y boive et que j'en vive!... Toi, parle-moi; toi, instruis-moi*» (Conf. XII, 10,10).

SEIGNEUR, PRÊTE-MOI TA LUMIÈRE!

> « *Que toute notre occupation en ce monde soit donc de guérir cet œil du cœur qui nous fera voir Dieu* » (Ser. 88,5).

Le Christ est la Voie, le Chemin, que nous devons suivre pour rencontrer Dieu. Pour aller à Dieu, nous devons suivre la route qu'Il a prise pour venir à nous. Nous devons donc marcher à la suite de Jésus.

> « *En tout ce qu'il fait, il nous enseigne comment nous devons vivre ici-bas* » (Ser. 75,2).

L'imitation du Christ est donc un impératif pour nous tous. Nous sommes créés à son image. Il est le modèle de ce que nous sommes et de ce que nous devons faire. Il est la Forme à laquelle nous devons conformer notre vie.

Mais Jésus est pour nous bien plus que le Modèle de notre vie. Il est aussi le Sauveur, le Rédempteur. Il est venu sauver les pécheurs que nous sommes. La raison de son Incarnation n'est pas simplement de nous offrir quelques préceptes ou quelques exemples de vie; elle est surtout de nous offrir le salut.

> « *"C'est une chose certaine et absolument digne de foi que le Christ Jésus est venu dans le monde pour sauver les pécheurs dont je suis le premier" (1 Tm 1,15). La seule raison d'être de la venue du Christ dans le monde est donc le salut des pécheurs. Supprimons les malades, supprimons*

les blessures : plus n'est besoin de médecin. Si le grand Médecin est descendu du ciel, c'est qu'un grand malade gisait sur toute la face de l'univers. Ce grand malade, c'était le genre humain » (Ser. 175,1).

De tous les noms du Christ, celui de Médecin est, pour saint Augustin, l'un des plus importants. Toute l'œuvre de la Rédemption, il la voit comme une guérison, car l'homme, nous tous, nous sommes malades au plus profond de notre cœur. Nous sommes blessés au plus intime de notre être. Et le Christ vient justement soigner nos blessures. Voilà pourquoi l'Évangile accorde une telle importance aux malades. Ils sont le symbole de notre vie. Nous sommes tous des aveugles à la lumière de Dieu, des sourds à sa Parole, des paralysés face à l'appel d'aller vers Lui.

« *Ne désespérez donc pas, vous êtes aveugles, approchez-vous de lui et vous serez guéris ; vous êtes aveugles, approchez-vous de lui et vous serez illuminés. Vous, les bien portants, rendez-lui grâce ; vous, les malades, courez à lui pour obtenir la guérison ; dites tous : "Venez, inclinons-nous, faisons la génuflexion devant Lui, pleurons devant le Seigneur qui nous a faits", qui nous a faits hommes et hommes sains. Car, si Dieu nous ayant fait hommes, nous nous étions nous-mêmes faits sains, nous aurions faits de meilleurs ouvrages que lui : faire un homme sain est mieux que faire un homme tout court… Sans doute quand il t'a fait, tu n'avais rien à faire, mais maintenant que tu existes, tu as, toi aussi, quelque chose à faire ; cours vers le Médecin, implore le Médecin, tu le trouves partout* » (Ser. 176,5).

Et Jésus lui-même nous offre les conditions que nous tous nous devons accomplir pour nous approcher de Lui et nous laisser guérir par Lui. Chaque malade dont nous parle l'Évangile, c'est nous-mêmes. Ses comportements sont nos propres comportements. Nous sommes donc ces aveugles de Jéricho, dont nous parle l'Évangile (Mt 20,29-34).

Tout se passe à la veille de la Passion. Jésus est en route vers Jérusalem. Aller vers Jérusalem n'est pas quelque chose que Jésus fait par hasard. Toute sa vie peut bien s'exprimer par ces phrases : « Jésus passe », « Jésus est en route ». Par le mystère de l'Incarnation, Jésus devient chemin, voie : *« Je suis le Chemin »* (Jn 14,6), nous dira-t-il.

Jésus est en route vers Jérusalem. Jérusalem est l'endroit où il va souffrir la passion, la mort sur la croix et où il va aussi ressusciter. Jérusalem est l'accomplissement de la Pâque. Jésus a fait de sa vie une pâque, une route. Jésus fait route vers la croix, mais la croix est la révélation suprême de son amour pour nous. Sur la croix, Jésus se prive de tout, il reste sans rien. C'est l'expression la plus parfaite de son passage parmi nous. Jésus passe comme passe le don : de main en main.

Or, faire route, passer, exige inévitablement un certain dépaysement et le dépaysement est l'arrachement mortifiant à la sécurité de tout ce qui nous est familier. Et Jésus, par sa vie comme par sa mort, nous apprend à être toujours en route, à ne jamais nous arrêter ou nous installer ici ou là. Notre condition sur la terre est d'être des pèlerins, de devenir don comme le Christ, Lui, est don.

> *« Qu'est-ce à dire : le Seigneur passait ? Nous l'avons dit ; il faisait des œuvres transitoires, et c'est par ces œuvres transitoires que notre foi s'exerce. Mais le Verbe de Dieu par qui tout a été fait n'est pas seul objet de notre foi ; car si, restant toujours dans la forme de Dieu, égal à Dieu, il ne s'était pas anéanti en prenant la forme de serviteur, les aveugles ne se seraient pas aperçus de son passage et n'auraient pas crié vers lui ; mais tandis qu'il opérait ces œuvres transitoires, c'est-à-dire qu'il s'humiliait, se faisant obéissant jusqu'à la mort et à la mort de la croix, les deux aveugles se mirent à crier : "Ayez pitié de nous, Fils de David" »* (Ser. 88,11).

A l'entrée de Jéricho, Jésus rencontre deux aveugles. Ils sont aussi des mendiants. Ils n'ont absolument rien à quoi s'accrocher dans ce monde. Il sont assis au bord du chemin. Jésus passe, ils sont assis. Jésus est la Lumière, ils sont aveugles. Pourtant, ils viennent à apprendre que c'est Jésus qui passe. Et c'est justement leur pauvreté qui leur fait ressentir la présence de Jésus à côté d'eux. La pauvreté, bien sûr, est le détachement à l'égard des biens matériels, mais elle est surtout une disposition du cœur : c'est le cœur qui s'offre, le cœur qui se donne. Cette pauvreté du cœur qui nous permet de voir Jésus est l'humilité. L'humilité nous fait découvrir la présence de Dieu à côté de nous. Elle est la condition absolument nécessaire pour reconnaître Jésus qui passe. Ce sont les pauvres, les humbles qui reconnaissent Jésus.

> « *Si tu t'élèves, Dieu s'éloigne loin de toi ; si tu t'abaisses, il s'incline vers toi* » (Ser. 21,2).
> « *Pour arriver à lui Zachée, le riche, sacrifia la moitié de son patrimoine ; pour arriver à lui, Pierre abandonna ses filets et sa barque ; pour arriver à lui, la veuve offrit deux petites pièces de monnaie ; pour arriver à lui, un plus pauvre donna un verre d'eau froide ; pour arriver à lui, l'homme, dénué de tout, n'a pu offrir que sa bonne volonté ; différentes étaient leurs offrandes, mais comme leurs amours n'étaient pas différents, ils sont parvenus au même Dieu* » (Ser. 47,30).

Les aveugles, « *apprenant que c'était Jésus qui passait, se mirent à crier : "Seigneur, Fils de David, aie pitié de nous !" La foule les rabrouait pour qu'ils se taisent* » (Mt 20,30-31). Il y a en tout premier lieu une foule qui veut les empêcher d'appeler Jésus. Nous sommes tous entourés d'une foule de bruits qui cherchent par tous les moyens à nous empêcher d'appeler le Seigneur. Si nous écoutons les bruits de notre monde, nous pouvons entendre bien des désespérances : ces couples qui divorcent, ces jeunes qui ne croient plus à rien, qui parlent de leurs projets amoureux d'abord sous le signe de la rupture, plutôt que de la fidélité. Cette foule cherche à nous convaincre que nous sommes devant des fatalités et qu'il ne sert à rien d'invoquer Dieu.

> *« Il y a, vous le voyez, des foules qui veulent empêcher les aveugles de crier. Vous tous qui, dans cette foule, aspirez à être guéris, ne vous laissez pas effrayer par elle... Criez au milieu des foules qui veulent étouffer votre voix ; elles vous repoussent et vous insultent, parce qu'elles vivent mal... Vois nos aveugles, ils ne se mirent pas pour crier dans un lieu écarté afin que, de cet endroit isolé de tous bruits gênants, leur voix fût plus sûrement entendue. C'est au milieu de la foule qu'ils criaient, et cependant le Seigneur les entendit. Vous aussi, c'est au milieu des pécheurs et des jouisseurs, tout adonnés aux plaisirs du siècle, qu'il vous faut crier, afin que le Seigneur vous guérisse »* (Ser. 88,17).

Nous n'avons donc pas droit au découragement. Au milieu de la désespérance qui ronge le cœur, le Seigneur s'approche de nous pour nous dire : *« Que voulez-vous que je fasse pour vous ? »* (Mt 20, 32). Jésus ne cesse de passer à côté de nous et il ne cherche qu'à nous aider. Il nous demande tout simplement de l'appeler, de crier vers lui car il vient toujours vers celui qui l'appelle, qui a vraiment besoin de lui. Il nous faut donc, aujourd'hui plus que jamais, crier et crier fort vers Jésus.

> *« Mais qu'est-ce donc, mes frères, que crier vers le Christ ? C'est suivre les inspirations de la grâce divine en accomplissant des œuvres saintes. Et je vous dis cela, mes frères, pour que vous n'éleviez pas seulement vos voix, et que vous fassiez parler aussi votre vie. Qu'est-ce que crier vers le Christ afin que notre cécité intérieure se dissipe chaque fois qu'il passe, c'est-à-dire qu'il nous dispense ces sacrements du temps, gage des biens éternels auxquels nous devons aspirer ?*

Oui, qu'est-ce que crier vers le Christ? Mépriser le monde, c'est crier vers le Christ; fouler aux pieds les plaisirs du monde, c'est crier vers le Christ; proclamer non par ses lèvres mais par sa vie: "Le monde est crucifié pour moi et je le suis au monde" (Ga 6,4), c'est crier vers le Christ; répandre largement son bien, le donner aux pauvres, pour que notre justice demeure dans les siècles des siècles, c'est crier vers le Christ» (Ser. 88,12).

Dans nos épreuves comme dans nos solitudes, Jésus ne nous demande qu'une seule chose: mettre toute notre espérance en lui, car c'est lui l'unique qui peut guérir notre cœur. Nous sommes tous des aveugles, nous sommes tous des pauvres et nous tous nous avons besoin d'être guéris de nos méfiances et de nos découragements.

Jésus demande aux aveugles: *« Que voulez-vous que je fasse pour vous? »* Quelle serait notre réponse si Jésus nous adressait aujourd'hui cette parole? Qu'attendons-nous de Jésus? Oui, les aveugles ont répondu: *« Seigneur, que nos yeux s'ouvrent! »* Pour les aveugles, il était tout à fait normal de demander la vue. Mais pour Jésus, au moins apparemment, cela ne va pas de soi. Les aveugles pourraient bien lui demander de l'argent: ils étaient aussi des mendiants. Jésus les met dans la disposition de prendre conscience de ce qu'ils demandent. Il veut que nous soyons bien conscients de ce que nous lui demandons. Jésus nous apprend non seulement à prier, à crier vers lui, mais aussi à être vrais dans nos demandes. En exprimant nos désirs les plus vrais, il nous aide à être vrais nous-mêmes.

« Mais pourquoi nous demande-t-il de prier, lui qui sait ce qui nous est nécessaire avant que nous le lui demandions? La question pourrait être troublante, si nous ne comprenions que notre Seigneur et notre Dieu veut non pas que lui soit manifestée notre volonté – qu'il ne peut ignorer –, mais que s'exerce dans la prière notre désir, – lequel nous permettra de recevoir le don qu'il nous réserve. Car c'est chose fort grande

que ce don, et nous sommes petits et étroits pour le recevoir… Cette chose, nous la recevrons avec une capacité d'autant plus grande, que nous y croyons avec plus de foi, et l'espérons plus fermement, et la désirons plus ardemment. Aussi, dans la foi, l'espérance et la charité, par le continuel désir, nous prions toujours. Et si nous formulons aussi avec des mots notre demande à Dieu,… nous le faisons pour nous avertir nous-mêmes par ces signes concrets et pour nous révéler à nous-mêmes le progrès que nous avons fait dans ce désir et nous exciter plus vivement à l'accroître» (Ep.130,17-18).

Les aveugles demandent la vue. Jésus va leur accorder davantage : la foi, le salut. Et voilà que, quand la foule est presque en train de quitter Jésus, les deux aveugles devenus voyants, deviennent aussi des croyants : *«Aussitôt ils retrouvèrent la vue. Et ils le suivirent»* (Mt 20,34). Ils vont suivre Jésus sur la route de Jérusalem, sur la route qui conduit à la passion, à la croix. Ils prennent le chemin que les autres viennent juste de refuser. Les deux aveugles, à partir de ce moment-là, ne voient que Jésus seul.

«Nos yeux sont guéris. Pouvons-nous, mes frères, souhaiter plus grand bienfait ? C'est une joie grande déjà de contempler la lumière créée, soit qu'elle rayonne dans le ciel, soit qu'elle brille dans une simple lampe ; et nous jugeons bien à plaindre ceux qui ne peuvent pas la voir. Que fais-je en ce moment, quand je vous parle, quand je vous expose cette doctrine ? Je vous exhorte tous à pousser vos cris vers Jésus qui passe. Sans doute cette Lumière dont je vous recommande l'amour, vous ne la voyez pas. Croyez, tant qu'elle ne se montre pas à vos yeux, et criez, pour mériter de la voir» (Ser. 88,15).

Telle est donc la Lumière à laquelle nous devons reconnaître la situation dans laquelle nous nous trouvons. Comme les aveugles dont nous parle l'Évangile, nous avons à accepter d'être vus par Jésus tels que nous sommes ; nous avons à accepter aussi de nous en remettre à lui, pour qu'il accomplisse en nous ce qui nous paraît impossible: retrouver la vue de notre cœur. Peut-être nous paraît-il impossible que notre vie, si médiocre, puisse changer. Comme les aveugles dont nous parle l'Évangile, nous avons un pas à franchir: « *Confiance, lève-toi, il t'appelle*". Face à Jésus, nous sommes tous des malvoyants. Nous devons lui demander qu'il nous accorde l'espérance, le courage de vivre notre vie dans la joie et de pouvoir le suivre jusqu'à sa Passion et sa Résurrection.

> «*Mais l'aveugle guéri n'est pas plutôt entré dans cette voie que tous ses parents, ses proches, ses amis, commencent à s'émouvoir; les amateurs du siècle se mettent à le contredire: "Quelle folie te prend? Tu en fais trop; et les autres ne sont donc pas des chrétiens? Oui, folie pure, vraie démence que ta conduite!" C'est par de tels cris que la foule cherche à couvrir le cri des aveugles; l'autre foule aussi voulait empêcher les aveugles de crier mais n'arrivait point à étouffer leur clameur. Qu'ils comprennent bien ce qu'ils ont à faire, ceux qui veulent être guéris. Il y en a qui honorent Dieu des lèvres et dont le cœur est loin de lui. Ceux-là seuls se tiennent le long du chemin, dont le cœur contrit est docile au Seigneur. La lecture qu'on nous fait des œuvres transitoires accomplies par lui, c'est toujours Jésus qui se montre à nous et qui passe; car, jusqu'à la fin du siècle, il y aura toujours des aveugles assis sur le bord du chemin; et leurs cris s'élèveront sans cesse le long de la route. La foule qui entourait le Seigneur cherchait à étouffer la voix de ceux qui imploraient la guérison. Vous devinez, mes frères, ce que je veux dire: j'hésite à parler, mais j'hésite encore davantage à me taire. Je parlerai donc, et sans réticence: je crains Jésus qui passe et qui demeure; aussi je ne puis me taire*» (Ser. 88,13).

Dans ce passage de l'Évangile nous rencontrons tous les éléments dont nous avons besoin pour que la lumière, et avec la lumière l'espérance, arrive à naître dans notre cœur. Il nous faut reconnaître que nous sommes des malvoyants, que nous sommes pauvres, que nous sommes assis car nous avons peur de suivre Jésus sur la route de Jérusalem. Notre manque d'espérance vient de ce que nous avons déformé la réalité, de ce que nous sommes des malvoyants de la réalité, de ce que nous ne savons pas regarder Jésus qui passe. C'est une déformation de notre regard. Notre cœur est aveuglé. Et pourtant, comme les aveugles, nous devons crier vers Jésus. Ne pas faire attention à tant de bruits extérieurs et intérieurs qui étouffent notre voix et ne nous laissent pas appeler Jésus.

> *« "Et la Lumière luit dans les ténèbres, et les ténèbres ne l'ont point comprise" (Jn1,5). Par conséquent, mes frères, comme l'aveugle exposé au soleil, le soleil lui est présent, mais lui-même est absent au soleil, ainsi l'insensé, le pécheur, l'impie ont le cœur aveugle. La Sagesse est présente, mais elle est présente à un aveugle, elle est absente à ses yeux : non qu'elle-même lui soit absente, c'est lui au contraire qui se tient loin d'elle. Que doit-il donc faire ? Purifier ce par quoi Dieu peut être vu. De la même manière, s'il ne pouvait pas voir parce qu'il a les yeux souillés et blessés sous l'effet d'une poussière, du pus ou de la fumée, le médecin lui dirait : enlève le mal de ton œil pour que tu puisses voir la lumière de tes yeux. La poussière, le pus, la fumée, ce sont les péchés et les iniquités ; enlève tout cela, et tu verras la Sagesse qui est toujours présente, car c'est Dieu qui est la Sagesse elle-même et il est écrit : "Bienheureux les cœurs purs, parce qu'ils verront Dieu" »* (In ev. Joh. 1,19).

Prière :

> *« Seigneur, je te louerai de tout mon cœur ! Ce cœur tout entier, je le présente à l'autel de ta confession, je te l'offre en holocauste de louange. Oh ! que le feu de ta charité le consume entièrement ! Que rien en lui ne soit laissé pour lui, rien par où il pourrait se reprendre ! Que tout y brûle et s'y enflamme en toi d'amour pour toi ! Que tu sois, Seigneur, toi-même le dévorant brasier ! »* (En. in ps. 137,2).

L'ÉGLISE, CORPS DU CHRIST

> *« Aimons le Seigneur notre Dieu ; aimons son Église : lui, comme père, elle, comme mère ; lui, comme maître, elle comme servante, car c'est de cette servante même que nous sommes fils. Prenez donc tous d'un commun accord Dieu pour père et l'Église pour mère »* (En. in ps. 88, II, 14).

Dieu nous demande d'être parfaits comme lui est parfait. Dieu nous demande d'être amour comme lui est amour. Pour nous aider à accomplir ce commandement, voilà que lui-même s'est fait homme, en tout pareil à nous, à l'exception du péché (He 4,15). Il s'est fait homme pour nous montrer avec sa vie et son enseignement la route qui nous mène à notre perfection, la route de l'amour, la route de la charité. Le Christ ne cessera de nous dire : *« Je suis le Chemin et la Vérité et la Vie »* (Jn 14,6). Nous tous nous devons aller vers le Christ, le suivre, mettre en Lui toute notre confiance. En lui, nous rencontrons notre perfection, notre vérité.

> *« En tout ce qu'il fait, il nous enseigne comment nous devons vivre ici-bas »* (Ser. 75,2).

Il est certain que nous ne devons pas avoir les mêmes comportements historiques que Jésus, mais nous devons avoir dans notre cœur les mêmes motivations que lui. Saint Paul nous dira : *« Comportez-vous ainsi entre vous, comme on le fait en Jésus Christ »* (Ph 2,5).

Or, le Christ n'est pas loin de nous et, de même, nous ne devons pas faire de grandes recherches pour le rencontrer. Il est vivant. Il est même parmi nous et il continue à nous appeler et à nous parler comme jadis il l'a fait avec ses disciples. Cette présence de Jésus au milieu de nous est aujourd'hui l'Église. Elle est le "Christ total".

> *« Notre Seigneur Jésus Christ est l'homme dans sa totalité, tête et corps. En cet homme nous savons qui est la tête : c'est celui qui est né de la Vierge Marie, qui a souffert sous Ponce Pilate, qui a été enseveli, qui est ressuscité, qui est monté au ciel, qui siège à la droite du Père et que nous attendons comme juge des vivants et des morts. Voilà la tête de l'Église. Quant à son corps, c'est l'Église »* (En. in ps. 90, II, 1).

Il est certain que les disciples de Jésus ne voyaient que la tête du "Christ total", comme nous aujourd'hui, nous ne voyons que son corps, l'Église ; mais tête et corps ne font qu'une seule et unique Personne. Cette union entre le Christ et l'Église est tellement étroite qu'elle remplit d'admiration et de ferveur saint Augustin et il n'hésite pas à dire que nous ne sommes pas seulement avec le Christ, mais que nous sommes le Christ lui-même.

> *« Soyons dans la reconnaissance et l'action de grâces d'être devenus non seulement chrétiens, mais le Christ lui-même. Comprenez-vous, frères, la grâce que Dieu nous a faite en nous donnant le Christ comme Tête ? Soyez dans l'admiration et réjouissez-vous, nous sommes devenus le Christ. En effet, puisqu'il est la Tête et que nous sommes les membres, l'homme tout entier, c'est Lui et nous »* (In Joh. ev. 21,8).

Le mystère de l'Église trouve son fondement dans le mystère de l'Incarnation. Saint Augustin emploie les mêmes expressions pour parler de l'Incarnation du Christ et de la réalité de l'Église. Dans le sein de la Vierge Marie, le Verbe de Dieu s'est uni à la chair ; il s'est fait homme. Et avec cette chair se joint l'Église et, à partir de ce moment-là, le Verbe devient le "Christ total".

> « *Le Verbe s'est fait chair et il a habité parmi nous. A cette chair se joint l'Église, et c'est le Christ total, tête et corps* » (In Joh. ep. 1, 2).

L'Église naît avec l'Incarnation du Christ et, de même, c'est à la lumière de ce mystère que nous devons nous approcher d'elle. L'Église est la révélation de l'amour de Dieu à notre égard. En elle, Dieu nous révèle son amour et nous unit à Lui.

> « *C'est dans son Fils que le Père nous aime, parce que c'est en lui qu'il nous a choisis avant la création du monde. Celui qui aime le Fils unique aime nécessairement les membres qu'il a adoptés par lui et pour lui… Celui qui aime le fils ne peut s'empêcher d'aimer les membres de son Fils, et la seule raison pour laquelle le Père aime les membres de son Fils, c'est l'amour qu'il a pour le Fils lui-même. Or, il aime son Fils dans sa nature divine, parce qu'il l'a engendré égal en tout à Lui ; Il l'aime aussi comme homme parce que ce Fils unique, le Verbe, s'est fait chair, et c'est à cause du Verbe que la chair est devenue l'objet d'amour du Père. Quant à nous, Il nous aime, parce que nous sommes les membres de son Fils qu'Il aime ; et afin que nous puissions devenir ses membres, Il nous a aimés avant même notre existence* » (In Joh. ev. 110,5-6).

L'Église et, avec l'Église, nous tous, car nous sommes ses membres, se fait tout à fait incompréhensible en dehors de l'amour de Dieu à notre égard. C'est cet amour que Dieu a pour nous qui fonde l'Incarnation du Christ et, à la fois, l'Église.

L'Église est faite certainement de tous les hommes qui s'aiment vraiment entre eux en Dieu. Mais elle n'est pas l'effet de cet amour fraternel des uns à l'égard des autres ; nous nous aimons les uns les autres parce que Dieu, le premier, nous a aimés et nous a faits membres de son Fils.

Or, cette communion avec Dieu et entre nous tous est faite dans et par l'Esprit Saint. L'Esprit Saint joue à l'égard de l'Église et de chacun de nous le même rôle que l'âme à l'égard du corps.

> « *Ce que l'âme est au corps humain, l'Esprit Saint l'est au corps du Christ ; Il accomplit dans toute l'Église ce que l'âme opère dans tous les membres d'un seul corps* » (Ser. 267,4).

L'Esprit Saint, âme de l'Église, est un esprit d'union, de communion et ceux qui le reçoivent ne peuvent vivre les uns à l'écart des autres. Ce qu'il fait avec le Père et le Fils dans le mystère de la Trinité, il le fait pareillement entre les membres de l'Église. Dans l'Église, et dans la mesure même où l'Esprit Saint habite en nous, nous n'aurons qu'une seule âme et qu'un seul cœur dans le Seigneur. La communion est donc la toute première caractéristique de l'Église et la manifestation la plus claire de notre appartenance à elle.

L'Esprit Saint est donc celui qui fait l'Église. Il est le don du Père au Fils et du Fils au Père et il vient à nous tout d'abord au moment du baptême. Il nous fait à son image, à sa ressemblance : il nous fait don à Dieu et aux autres. L'Esprit Saint partage sa nature de don avec celui qui le reçoit.

> « *C'est par ce que le Père et le Fils ont de commun entre eux qu'ils ont voulu avoir communion entre eux et nous, et par ce Don nous rassembler dans l'unité, qui est la leur à tous deux, c'est-à-dire l'Esprit Saint, Dieu lui-même et Don de Dieu. C'est en lui que nous sommes réconciliés avec la Divinité, et que nous en jouissons* » (Ser. 71,18).

L'Esprit Saint est l'Esprit de la communauté ecclésiale et il vient à nous dans la mesure même où nous allons vers les autres. Nous sommes en communion avec Dieu par et dans notre communion ecclésiale. Nous sommes aussi près de Dieu que de l'Église.

> « *Vous voulez savoir si vous avez reçu l'Esprit Saint? Eh bien! interrogez votre cœur! S'il renferme l'amour fraternel, soyez en paix. La charité ne va pas sans l'Esprit de Dieu. Saint Paul le crie: "La charité de Dieu a été répandue dans nos cœurs par le Saint Esprit qui nous a été donné"* » (In Joh. ep. VI, 10).

La perfection chrétienne est dans l'union, dans la communion avec Dieu. Membres du Christ, nous vivons de sa vie, mais à condition que nous soyons unis à lui. Seuls les membres vivifiés par l'Esprit Saint sont capables de vivre la vie même de Jésus. L'unité est donc un attribut essentiel à l'Église, au Corps du Christ.

> « *Nous demeurons dans le Seigneur quand nous sommes ses membres et lui demeure en nous quand nous sommes son temple. Pour que nous soyons ses membres l'unité nous structure. Qu'est-ce qui fait que l'unité structure sinon la charité? Et d'où vient la charité de Dieu, interroge l'Apôtre? "La charité de Dieu, répond-il, a été répandue dans nos cœurs par l'Esprit Saint qui nous a été donné." C'est donc l'Esprit qui vivifie, car c'est l'Esprit qui rend les membres vivants et l'Esprit ne rend vivants que les membres qu'il trouve dans le Corps que lui-même anime… Ces paroles ont pour but de nous faire aimer l'unité et craindre la séparation* » (In Joh. ev. 27,6).

La charité est la santé de l'Église et c'est elle qui fait de l'Église une communauté: l'Église est une communion parfaite dans la pluralité des membres qui la font. Mais cette perfection de l'Église, la paix parfaite entre ses différents membres, ne sera jamais notre partage dans ce monde. Saint

Augustin fait une claire différence entre l'Église future et l'Église de ce monde.

> « *Il y a une Église d'ici-bas, une autre de là-haut, l'une constituée par l'ensemble des fidèles, l'autre par l'ensemble des anges. Mais le Seigneur des anges est descendu vers l'Église d'ici-bas, et, alors qu'il nous servait, nous, les anges l'ont servi, lui* » (En. in ps. 137,4).

L'Église future est l'Église du ciel, là où il n'y a plus ni mort, ni pleurs, ni peine.

> « *C'est alors que régnera la paix très pure parmi les enfants de Dieu qui s'aiment tous, qui se voient remplis de Dieu, quand Dieu sera tout en tous. Nous aurons une vision commune, Dieu; nous aurons une paix commune, Dieu… Ce sera la paix parfaite et pleine* » (En. in ps. 84,10).

Par contre, dans l'Église de ce monde, il y a des dissensions et des divisions : il y a le péché. L'Église, étant sainte, garde dans son sein les pécheurs que nous sommes; c'est une Église en marche, en pèlerinage vers son accomplissement dans le ciel.

> « *L'aire, c'est l'Église de ce temps, je l'ai dit souvent et je le répète, elle contient de la balle et du froment. Que personne ne cherche à faire sortir toute la balle avant le temps du vannage. Que personne, avant le temps du vannage, ne quitte l'aire même s'il veut ne pas souffrir de la part de pécheurs… Quiconque voit l'aire de loin pense qu'il n'y a que de la paille. Il faut y mettre la main, et souffler de la bouche pour dissiper la balle et discerner le grain. Sinon, on ne le voit pas. Parfois il en est de même pour les grains. Ils sont séparés les uns des autres, sans aucun contact, à tel point que chacun peut penser… qu'il est seul* » (En. in ps. 25,II,5).

Cependant l'Église du ciel et l'Église de la terre ne sont pas deux Églises, mais deux aspects d'une même et unique Église. L'Église de ce temps, l'Église de ce monde est le Corps du Christ dont la sainteté n'est pas maculée par les membres pécheurs que nous sommes. Même si elle est pauvre et pécheresse, elle n'est pas pourtant séparée de l'Église du ciel. Chacun de nous, malgré son indigence spirituelle, nous sommes vraiment membres du Christ, nous sommes unis à Dieu. Et l'Église de ce monde, nous devons travailler à la faire, à la perfectionner. C'est notre mission. La perfection de l'Église est d'accomplir dans ce monde la mission rédemptrice du Christ. Pour accomplir cette mission dans notre monde, nous devons accroître, de plus en plus, l'union avec le Christ, l'union avec nous tous dans le Christ. Et ce qui nous unit au Christ et les uns aux autres, c'est précisément l'Esprit Saint, c'est la Charité. Travailler donc pour la charité, travailler pour la paix, c'est travailler pour la perfection de l'Église et, à la fois, pour notre propre perfection. Aimer l'unité, c'est aimer la paix. Aimer la paix, c'est aimer le Christ, car *« Il est notre paix »* (Eph 2,13-16). Mais la paix ne saura se propager que par la charité.

> *« Un membre est d'autant plus capable de santé qu'il n'est séparé du corps ; car s'il est blessé, la santé des autres membres vient à son secours ; si, au contraire, les membres se séparent, d'où et par où la santé pourrait-elle parvenir jusqu'à eux ? »* (Ser. 162 A, 7).

Il est certain que le Christ ne nous est accessible aujourd'hui que dans l'Église et par l'Église. La mesure exacte de notre amour pour le Christ nous est donnée dans notre amour pour l'Église. Pour saint Augustin, nous ne devons pas avoir d'amour plus grand que celui que nous devons porter à l'Église. L'amour de l'Église doit passer avant tout autre amour ; il est même le critère de discernement pour connaître la volonté de Dieu sur nous. Connaître les exigences de l'Église, c'est connaître la volonté de Dieu sur nous.

Prière :

> «*Mais nous, Seigneur, ton petit troupeau, voilà ce que nous sommes ! A toi de nous garder en ta possession ! Étends tes ailes, que nous y trouvions refuge ! Sois notre gloire ! Qu'on nous aime à cause de toi ! Que ce soit ton Verbe que l'on craigne en nous !*» (Conf. x, 36,59).

L'EUCHARISTIE, SACREMENT DE L'ÉGLISE

> *« Pour ne pas vous laisser disperser, mangez Celui qui est votre lien »* (Ser. 228 B,3).

La méditation sur le mystère de l'Eucharistie prend une place de grande importance dans la vie et la pensée de saint Augustin. Elle doit prendre cette même place d'importance dans notre vie, car l'Eucharistie est le sacrement du Corps du Christ. Mais le Corps du Christ n'est pas tout simplement le corps de Jésus qui a souffert pour nous la passion et la mort sur la croix ; il est aussi le Corps total du Christ, c'est-à-dire l'Église. L'Église est vraiment le Corps du Christ, et l'Eucharistie son sacrement.

L'Eucharistie, sacrement de l'Église, la représente et la fait. L'Eucharistie est donc signe de l'unité de tous les chrétiens avec le Christ et entre nous tous. Mais l'Eucharistie fait cette unité, en même temps qu'elle crée la charité fraternelle.

> *« Les fidèles savent ce qu'est le Corps du Christ s'ils ne négligent pas d'être le Corps du Christ. Qu'ils deviennent le Corps du Christ s'ils veulent vivre de l'Esprit du Christ. De l'Esprit du Christ ne vivra que le Corps du Christ. Comprenez, mes frères, ce que je viens de dire… Veux-tu par conséquent vivre, toi aussi, de l'Esprit du Christ ? Sois dans le Corps du Christ… C'est pourquoi l'apôtre Paul nous explique ainsi quel est ce pain : "Nous sommes, dit-il, un seul pain, un seul corps, nous qui sommes beaucoup". Ô mystère de la beauté, ô signe de l'unité, ô lien de la charité »* (In Joh. ev. 26,13).

L'Eucharistie est signe, mais signe de la réalité la plus profonde de l'Église. Elle nous découvre le mystère du Corps du Christ : l'unité de tous les chrétiens avec le Christ et entre nous tous. Nous tous, unis au Christ, nous ne formons qu'un seul corps avec lui. Nous sommes les membres du Corps du Christ et c'est l'Esprit Saint qui nous unit.

Seul l'amour que l'Esprit Saint répand dans nos cœurs est capable d'assembler en société, en communauté des hommes séparés par leurs intérêts. L'Esprit Saint est un esprit d'union et celui qui le reçoit ne peut désormais plus vivre à l'écart des autres. Et c'est le Corps du Christ animé par l'Esprit Saint que l'Eucharistie signifie. L'Eucharistie est signe de l'unité de l'Église.

> « *Voyez comment vous êtes devenus un seul corps. Comment se fait le pain ? On bat et on moud ; on humecte d'eau et on cuit ; en humectant d'eau, on purifie ; en cuisant, on durcit… Mais de même que les grains d'abord isolés, puis moulus et enfin réunis en une seule masse par l'humectation, deviennent un seul pain, ainsi le corps du Christ devient un par l'union de la charité. Or, la ressemblance du corps du Christ avec les grains de blé se retrouve encore entre le sang et les grains de raisin, car le vin provient du pressoir et, ce qui était séparé dans la multitude des grains, s'écoule dans l'unité d'un même vin. Ainsi donc dans le pain et dans le vin se retrouve le mystère de l'unité* » (Ser. 229 A,2).

Mais l'Eucharistie est bien plus que le signe de l'unité et de la paix de l'Église ; elle fait cette unité. L'Eucharistie fait ce qu'elle signifie.

L'Eucharistie est l'accomplissement du mystère de l'Incarnation. Dieu qui est amour a tant aimé le monde qu'il nous a donné son Fils (Jn 3,16). Jésus est la révélation de l'amour du Père à notre égard et il nous révèle cet amour du Père d'une façon vraiment éclatante sur la croix. Sur la croix, il reste sans rien mais parce qu'il nous a tout donné. Il meurt, mais pour nous donner la vie. A la dernière Cène, à l'institution de l'Eucharistie, Jésus assume sa mort sur la croix. La croix nous livre la clé qui nous permet de comprendre l'Eucharistie. Dans l'Eucharistie, Jésus continue à vivre le mystère de sa mort, le mystère de notre Rédemption. Par la Rédemption, Jésus nous libère du péché. Or, le péché, tout péché, est source de division. Et Jésus, par sa mort, par l'Eucharistie, ramène *« dans l'unité les enfants de Dieu qui sont dispersés »* (Jn 11,52). La Rédemption, et par le fait même l'Eucharistie, a pour but le rassemblement dans l'unité de nous tous, ce qu'elle fait car, dans l'Eucharistie, Jésus nous fait partager la vie même de Dieu, vie d'unité, vie d'amour. Le Christ refait chaque jour dans l'Eucharistie ce que le péché défait dans notre vie.

> *« Le Christ Seigneur qui a donné pour nous, dans sa Passion, ce qu'il avait reçu de nous à sa naissance, prescrivit lui-même ce sacrifice que vous voyez, le sacrifice de son corps et de son sang, étant le premier prêtre dès l'éternité. De son corps, en effet, lorsqu'il fut blessé par la lance, se sont écoulés le sang et l'eau (symboles du baptême et de l'Eucharistie), pour la rémission de nos péchés. Vous souvenant de ce don de grâce, accomplissez votre salut et, parce que c'est Dieu qui agit en vous, avancez avec crainte et tremblement pour participer au sacrifice de cet autel. Reconnaissez dans le pain ce qui était suspendu à la croix, dans le calice ce qui ruissela du côté »* (Ser. 228, B,2).

Dans l'Eucharistie, le Christ se fait réellement présent : le pain et le vin sont réellement le corps et le sang du Christ, et ils nous donnent de participer à la vie de Dieu. Celui qui mange son corps et son sang s'unit au Christ et fait avec les autres un seul corps, le corps du Christ.

> *« Ce pain que vous voyez sur l'autel, sanctifié par la Parole de Dieu est le corps du Christ. Cette coupe, ou plutôt ce que*

contient la coupe, sanctifié par la Parole de Dieu, est le sang du Christ. Par ces éléments le Seigneur Christ a voulu nous confier son corps et son sang qu'il a versé pour nous en rémission des péchés. Si vous les avez bien reçus, vous êtes ce que vous avez reçu; car l'Apôtre dit: "Nombreux, nous sommes un seul pain, un seul corps" (1 Co 10,17). C'est ainsi qu'il a expliqué le mystère de la table du Seigneur: "Nombreux, nous sommes un seul pain, un seul corps". Ce pain vous indique comment vous devez aimer l'unité. En effet, ce pain est-il fait d'un seul grain? N'y avait-il pas de nombreux grains de blé? Mais, avant d'être transformés en pain, ils étaient séparés; ils ont été réunis par l'eau, et cela après l'opération du broyage. Car si le blé n'est pas moulu et s'il n'est pas pétri avec de l'eau, il ne peut absolument pas être transformé en ce qui se nomme pain» (Ser. 227).

Voilà pourquoi saint Augustin nous demande de nous approcher de l'Eucharistie pour recevoir le corps et le sang du Christ, car l'Eucharistie est le pain de l'unité. Elle produit en nous ce qu'elle signifie. Elle nous introduit dans la vie de Dieu, vie de la Trinité où le Père vit en union avec le Fils dans l'amour de l'Esprit Saint. Recevoir le corps du Christ, c'est partager la vie même du Fils et entrer par ce fait même dans le mystère de la Trinité.

«Recevez donc et mangez le corps du Christ, après être devenus vous-mêmes membres du corps du Christ. Recevez et buvez le sang du Christ. Pour ne pas vous disperser les uns des autres, mangez le lien qui vous unit. Pour ne pas vous mésestimer, buvez le prix de votre rachat. Comme cette nourriture est changée en vous, quand vous la mangez et la buvez, ainsi vous êtes changés dans le corps du Christ, si vous vivez dans l'obéissance et la piété... Puisque donc vous possédez en lui la vie, vous serez avec lui dans une seule chair... C'est ce qu'annonçait l'Écriture et ce que l'Apôtre a repris: "Ils seront deux en une seule chair"

(Eph 5,31). Ce mystère, ajoute-t-il, est grand, je le dis du Christ et de l'Église. Et en un autre passage, le même Apôtre s'exprime ainsi sur la même Eucharistie: "Nous sommes un seul pain, un seul corps, bien que nous soyons nombreux" (1 Co 10,17). Ainsi vous commencez à recevoir ce que vous avez commencé d'être, pourvu que vous ne le receviez pas indignement, ce qui serait manger et boire votre condamnation» (Ser. 228 B,3-4).

Dans l'Eucharistie, le Christ continue à s'offrir au Père pour nous. Mais l'Eucharistie, sacrement du Corps du Christ, est aussi le sacrifice de toute l'Église. En elle, c'est toute l'Église qui s'offre entièrement au Père.

«Le vrai sacrifice est toute œuvre qui contribue à nous unir à Dieu dans une sainte société... En conséquence, l'homme consacré par le nom de Dieu et voué à Dieu, en tant qu'il meurt au monde pour vivre à Dieu, est un sacrifice» (De civ. Dei 10,6).
«Il a voulu que soit sacrement quotidien de cette réalité, le sacrifice de l'Église qui, étant le corps dont il est la tête, apprend à s'offrir elle-même par lui» (De civ. Dei 10,20).
« Tel est le sacrifice des chrétiens: nombreux, n'être qu'un seul corps dans le Christ. Et ce sacrifice, l'Église ne cesse de le reproduire dans le Sacrement de l'autel bien connu des fidèles, où il lui est montré que dans ce qu'elle offre, elle s'offre elle-même» (De civ. Dei 10,6).

Et nous-mêmes, membres de l'Église, membres du corps du Christ, nous devons revivre l'Eucharistie dans notre propre vie. Notre vie sera vraiment chrétienne, ecclésiale dans la mesure même où elle sera eucharistique.

«Ensuite, après la sanctification du sacrifice de Dieu, parce qu'il a voulu que nous-mêmes nous soyons son sacrifice, ce qui est clairement indiqué quand on a placé sur l'autel le

sacrement qui est à la fois le sacrifice divin et nous-mêmes, c'est-à-dire le signe de la réalité que nous sommes» (Ser. 227).

Pour que notre vie soit eucharistique, nous devons accomplir la parole de Jésus: *«Faites ceci en mémoire de moi.»* Assez souvent, nous risquons de limiter ce *"ceci"* à reproduire les rites, les gestes et les paroles de Jésus au moment de l'institution de l'Eucharistie. Or, c'est bien plus. *"Ceci"* est ce que Jésus *"vit"* à la dernière Cène. Il nous invite à entrer dans son acte eucharistique: à prendre notre vie en main, à nous rompre, à accepter de mourir à tout ce qui fait obstacle à la charité, à nous donner en communion pour devenir pain d'unité et de paix pour tous les hommes. *«Faites ceci en mémoire de moi»*: Jésus nous invite à entrer dans son acte eucharistique, à nous faire eucharistie.

> *«Recevez et mangez le corps du Christ, puisque dans le corps du Christ vous êtes devenus maintenant les membres du Christ; recevez et buvez le sang du Christ. Pour ne pas vous laisser disperser, mangez celui qui est votre lien… Quand vous mangez cette nourriture et buvez cette boisson, elles se changent en vous; ainsi vous aussi vous êtes changés en corps du Christ, si vous vivez dans l'obéissance et la piété»* (Ser. 228 B,3).

L'Eucharistie est donc le sacrement de l'Église: elle signifie la vraie réalité de l'Église et la réalise, mais elle nous aide aussi à vivre en perfection notre appartenance à l'Église.

> *«Si donc vous êtes le corps du Christ et ses membres, c'est votre mystère qui est posé sur la table du Seigneur, c'est votre mystère que vous recevez. A ce que vous êtes, vous répondez Amen, et en répondant vous souscrivez. Tu entends en effet: le corps du Christ; et tu réponds: Amen. Sois le membre du Christ, afin que ton Amen soit vrai»* (Ser. 272).

LA VIERGE MARIE, MÈRE ET MODÈLE DE L'ÉGLISE

> *« Marie a cru, et ce qu'elle a cru s'est réalisé en elle. Croyons aussi pour que nous soit profitable ce qui s'est réalisé en elle »* (Ser. 215,4).

La Vierge Marie est l'expression la plus claire et aussi la plus profonde du mystère de l'Église. Nous approcher de Marie, c'est nous approcher de l'Église. Marie est la lumière de l'Église.

Or, la toute première vertu de Marie, d'après saint Augustin, est la virginité. La virginité est une manière humaine de vivre l'expérience de l'Église du ciel. Elle incarne d'une façon originelle la vie du ciel, pour la révéler ou la manifester aux hommes. Elle est comme une sorte de sacrement, car elle signifie la vie du ciel et, à la fois, elle la fait vivre.

> *« La virginité, c'est de proposer dans une chair corruptible une incorruptibilité perpétuelle »* (De virg. 13,12).
> *« La virginité fait paraître la vie des anges parmi les hommes, les mœurs du ciel sur la terre »* (De virg. 53,54).

Et c'est le mystère de l'Incarnation qui nous permet de comprendre le sens le plus profond de la virginité. Dans le mystère de l'Incarnation, la nature humaine se sanctifie par son union avec le Verbe de Dieu et elle révèle le Verbe de Dieu aux hommes. Dans la virginité, la virginité du corps révèle et manifeste la virginité du cœur. La virginité du cœur est de vivre en union totale, absolue avec Dieu.

« Ce n'est pas d'elle-même, mais d'être consacrée à Dieu

que la virginité tire son honneur. On la garde dans la chair, mais c'est par une religion et une dévotion toute spirituelle qu'on la garde, de telle sorte que la virginité de la chair elle-même est spirituelle, vouée et conservée comme elle est par la continence et la piété» (De virg. 8,8).

La virginité est donc, d'une certaine manière, vivre le mystère de l'Incarnation dans notre vie. La virginité, comme le mystère de l'Incarnation, est l'effet de l'amour, l'effet de l'humilité.

«Ce bien de la virginité, nul ne le garde que Dieu qui l'a donné, et Dieu est charité. La gardienne de la virginité, c'est donc la charité, mais la demeure de la charité, c'est l'humilité» (De virg. 51,52).

Là où l'amour manque, là où la charité manque, la virginité se fait impossible. C'est la charité qui amène Dieu à se faire homme, et c'est l'amour aussi qui nous amène à la virginité. La virginité est donc l'expression de l'amour.

«La virginité consiste en une bonne volonté et en un amour sincère ; et elle n'est violée que lorsque nous aimons ou désirons ce que la Vérité nous apprend à ne pas aimer ou désirer. Il faut donc conserver la sincérité de l'amour de Dieu et du prochain, car c'est dans cet amour que se sanctifie la chasteté de l'âme» (De mendat. 19,40).

Et Marie s'offre entièrement à Dieu pour devenir son signe, sa parole pour les hommes. Elle est prise par l'absolu de Dieu et se laisse saisir par Lui. Marie se consacre entièrement à Dieu. Dieu sera l'unique pour elle. C'est le fondement de son vœu de virginité.

«Marie consacra sa virginité à Dieu alors qu'elle ignorait encore ce qu'elle était appelée à concevoir, afin que, si elle

réalisait la vie du ciel dans son corps terrestre et mortel, ce fut en vertu d'un vœu, non en vertu d'un précepte, par un choix tout d'amour, non par nécessité d'obéir» (De virg. 4,4).

Et saint Augustin insiste sur cette consécration de la virginité de Marie. Ce don total et intègre de Marie à Dieu sera fondé sur la foi et ce sera la foi qui ouvrira Marie à la maternité. Marie sera à la fois Vierge et Mère. C'est le plus grand des miracles de tout l'Évangile. En le contemplant, saint Augustin tombe dans l'admiration et la louange.

« Parlons donc de cet événement. Mais le pourrons-nous ? Un ange l'annonce ; la Vierge écoute, y croit et conçoit. Elle a la foi dans le cœur, et le Christ dans son sein. Vierge, elle conçoit : qui ne serait étonné ? Vierge elle enfante, étonnez-vous davantage ; après avoir enfanté elle demeure vierge, qui rencontrerait cette génération ? » (Ser. 196,1).

Et Marie est devenue Mère de Dieu par la foi. La foi est bien plus que d'admettre comme vrais tout un ensemble de doctrines ou d'enseignements. La foi est de savoir accueillir la Parole de Dieu et de nous laisser transformer par elle. Marie a vécu toute sa vie dans la fidélité la plus totale à la Parole de Dieu. Marie devient mère par sa foi. Marie, toute pleine de foi, conçoit le Christ dans son cœur avant de le concevoir dans son sein.

« C'est de là que le Christ est venu ; mais il n'est pas venu comme nous ; car la Vierge l'a conçu non par la concupiscence, mais par la foi : Vierge lui-même, il est venu dans le sein d'une vierge ; il l'a choisie pour la créer, et il a créé celle qu'il avait choisie ; à cette vierge il a communiqué la fécondité, en lui conservant l'intégrité » (Ser. 69,4).

Or, la virginité consiste tout d'abord dans l'intégrité de la foi. La virginité est une consécration à Dieu, une relation personnelle et positive avec lui. Elle a son fondement dans le cœur : c'est le cœur qui se donne, qui s'offre entièrement au Seigneur.

> « *Qu'est-ce que la virginité de l'esprit ? Une foi intègre, une espérance ferme, une charité sincère* » (In Joh. ev. 13,12).
> « *La virginité dans la chair est le fait d'un petit nombre ; celle du cœur doit être le fait de tous. La virginité de la chair, c'est un corps intact, la virginité du cœur, une foi incorruptible* » (En. in ps. 147,10).

La virginité de Marie est le fruit le plus précieux de son amour, de sa fidélité à Dieu. Mais l'amour de Dieu amène toujours à l'amour des hommes. Il n'y a pas deux commandements : aimer Dieu, aimer notre prochain, mais un seul et unique commandement : « *Et voici le commandement que nous tenons de lui : celui qui aime Dieu, qu'il aime aussi son frère* » (1 Jn 4,21). Et Marie devient la Mère de Dieu et la Mère de nous tous.

> « *La bienheureuse Vierge Marie a conçu par la foi Celui qu'elle a également enfanté par la foi. Lorsque l'ange lui eut annoncé qu'elle aurait un fils, elle lui demanda comment cela se ferait, parce qu'elle ne connaissait point d'homme. Elle ne voyait qu'un seul moyen de concevoir et d'enfanter, dont elle n'avait point fait l'épreuve, mais qu'elle connaissait par l'exemple des autres femmes, selon la loi constante de la nature, c'est-à-dire l'union de l'homme et de la femme. L'ange lui répondit alors : "L'Esprit Saint surviendra en vous, et la vertu du Tout-Puissant vous couvrira de son ombre ; c'est pourquoi le Saint qui naîtra de vous s'appellera le Fils de Dieu" (Lc 1,35). Après ces paroles de l'ange, Marie, pleine de foi et concevant le Christ dans son âme avant de le concevoir dans son sein, lui dit : "Voici la servante du Seigneur, qu'il me soit fait selon votre parole" (Lc 1,38)... Marie crut aux paroles de*

l'ange, et elle vit s'accomplir en elle ce qu'elle avait cru. Croyons aussi avec elle, pour que nous puissions recueillir les fruits de ce mystère » (Ser. 215,4).

Marie est Mère et Modèle de l'Église. Plus encore elle est son accomplissement le plus parfait. Rencontrer Marie est donc rencontrer l'Église. Le mystère de l'Église devient lumière en Marie. L'Église, comme Marie, est vierge et mère.

« L'Église joint comme Marie une virginité inaltérable à une inviolable fécondité. Le privilège que Marie a obtenu dans sa chair, l'Église le conserve dans son âme ; il y a cette différence, que Marie n'a enfanté qu'un Fils, tandis que l'Église en enfante un grand nombre, mais que tous, par le Fils unique, sont rassemblés en un » (Ser. 195,2).

L'Église est tout d'abord vierge, et vierge par la foi. La virginité est de garder intacte la fidélité au Seigneur. Et l'Église, à l'exemple de Marie, met toute sa confiance dans le Seigneur.

« Et il est venu, et il a fait d'elle une vierge. De l'Église, il a fait une vierge : vierge, elle l'est dans la foi. Elle a peu de vierges qui ont consacré leur corps à Dieu ; mais elle veut que, par la foi, tous soient vierges, hommes et femmes ; c'est là que doit être la chasteté, la pureté, la sainteté... L'Église est donc vierge ; elle est vierge ; qu'elle soit vierge ! Qu'elle prenne garde au séducteur, qu'elle ne tombe pas sur le corrupteur ! l'Église est vierge » (Ser. 213,8).

Et comme Marie, l'Église est vierge et mère. La fidélité à la volonté de Dieu la conduit nécessairement au service des hommes, au service de nous tous. Comme Marie après l'Annonciation se met en route pour rendre service à Élisabeth et depuis lors nous pouvons dire que Marie est toujours en route sur nos chemins pour nous apporter le salut, l'Église elle aussi est toujours en route pour nous accorder la vie de Dieu. Elle ne cesse de nous accorder la foi et de la nourrir. L'Église nous fait naître à la vie de Jésus et elle la nourrit par l'Écriture et les Sacrements. L'Église est notre mère dans la foi et elle nous nourrit comme des enfants de Dieu. Dieu nous accorde sa vie par l'Église.

L'Église est vierge et mère. Plus encore, elle est mère justement par le fait d'être vierge. Parce que l'Église vit en union intime avec Dieu, parce qu'elle est le Christ parmi nous, elle est comme le Christ, Rédemptrice. Le Christ est venu nous sauver et il nous sauve aujourd'hui par l'Église et dans l'Église. Vierge et Mère est Marie, et Vierge et Mère est l'Église. Toute orientée vers Dieu et toute orientée vers nous.

> « *L'Église est vierge. Tu me diras peut-être : si elle est vierge, comment enfante-t-elle ?.. Je réponds : elle est vierge et elle enfante. Elle imite Marie qui a enfanté le Sauveur. Est-ce que sainte Marie ne serait pas vierge, elle qui a enfanté, tout en demeurant vierge ? De même pour l'Église : elle enfante et elle est vierge ; et à tout bien considérer, elle enfante le Christ ; car les baptisés sont ses membres. Vous êtes, dit l'Apôtre, le corps du Christ, vous êtes ses membres. Si donc elle enfante les membres du Christ, sa ressemblance avec Marie ne saurait être plus complète* » (Ser. 213,8).

Or, l'Église n'est pas une réalité abstraite. Elle est chacun de nous en union avec les autres membres du Corps du Christ. Par le fait même, Marie est Mère et Modèle de chacun de nous. Elle est l'accomplissement le plus parfait de ce qui est, de ce que doit être notre vie de chaque jour. Elle nous découvre le sens le plus profond de notre existence. Nous devons donc savoir nous rencontrer en elle. Marie est notre vérité.

> « *Voulez-vous une preuve que c'est avec raison qu'on donne le nom de vierge à chaque chrétien ou à chaque âme considéré au point de vue spirituel et dans cette foi entière et parfaite qui lui fait éviter le mal et pratiquer le bien ?*

Rappelez-vous que toute l'Église, composée de vierges, d'enfants, d'hommes et de femmes engagés dans les liens du mariage, nous est cependant représentée sous le seul nom de vierge. Comment le prouvons-nous ? Écoutez l'Apôtre, s'adressant non pas aux seules personnes consacrées à Dieu, mais à l'Église tout entière : "Je vous ai fiancés, dit-il, à un époux unique, Jésus Christ, pour vous présenter à lui comme une vierge pure" (2 Co 11,2) » (Ser. 93,4).

Et de même qu'il n'y a pas d'Annonciation sans Visitation, il n'y a pas non plus de virginité sans maternité. L'union à Dieu nous amène à l'union avec les autres. Chacun de nous doit donc être, à l'exemple de Marie, vierge et mère. Tout orientés vers Dieu, tout penchés vers les autres.

« *La sainte virginité de Marie a enfanté Jésus Christ, la longue viduité d'Anne a reconnu Jésus Christ sous les traits d'un petit enfant, et la chasteté conjugale d'Élisabeth, jointe à la fécondité de sa vieillesse, ont été consacrées au service de Jésus Christ. Tous les membres fidèles de l'Église, à quelque ordre qu'ils appartiennent, ont offert au Christ ce que sa grâce leur a permis d'offrir. Ainsi donc, puisque Jésus Christ est la vérité, la paix et la justice, concevez-le par la foi, et mettez-le au jour par vos œuvres, afin que votre cœur fasse par la loi de Jésus Christ ce que le sein de Marie a opéré pour lui donner son corps. Et comment seriez-vous étrangers à l'enfantement de la Vierge, vous qui êtes les membres de Jésus Christ ? Marie a enfanté le Christ, et l'Église vous a enfantés. Car elle est elle-même vierge et mère : mère par les entrailles de la charité, vierge par l'inviolabilité de la foi et de la piété. Elle enfante les peuples, mais ils sont les membres de Celui-là seul dont elle est à la fois le corps et l'épouse, et c'est en cela encore qu'elle ressemble à cette Vierge : elle est, pour toute une multitude, la mère de l'unité* » (Ser. 192,2).

Marie est Mère et Modèle de l'Église ; elle est Mère et Modèle de nous tous. Marie nous révèle le sens le plus profond de l'Église et le mystère de notre vie. Nous devons donc savoir nous rencontrer en elle. Sa vocation est la vocation de l'Église ; sa vocation est notre propre vocation. Marie nous apprend à vivre notre vocation.

Prière :

> « *Ô Épouse du Christ, belle entre les femmes, ô toi qui montes devenue toute blanche et qui t'appuies sur ton bien-aimé, parce que Celui dont la lumière te donne de l'éclat pour que tu aies cette blancheur te soutient par son aide pour que tu ne tombes pas, à quel point te convient ce qui t'est chanté dans le Cantique des cantiques comme pour ton chant de noces : la charité appartient à tes délices.* » (In Joh. ev. 65,3).

L'ESPÉRANCE, UN AMOUR AFFAMÉ

> «*Mon espérance est tout entière uniquement dans la grandeur immense de ta miséricorde. Donne ce que tu commandes et commande ce que tu veux*» (Conf. x, 29,40).
> «*N'espère rien d'autre que ton Dieu, mais que le Seigneur ton Dieu soit ton unique espérance*» (En. in ps. 39,7).

Aujourd'hui et peut être plus que jamais nous avons besoin de méditer sur l'espérance, car nous avons vraiment besoin de donner confiance à notre vie. Si nous écoutons les cris de notre monde, nous pouvons entendre bien des souffrances. Les hommes se sentent aujourd'hui blessés dans le cœur. Et devant ces faits, nous nous sentons tellement impuissants que nos bras tombent et nous arrivons à penser : « A quoi bon faire quoi que ce soit ! » La maladie dont souffrent les hommes aujourd'hui, c'est la désespérance. Nous sommes convaincus que nous sommes devant des fatalités et, de ce fait , nous ne pouvons rien faire. Notre temps est un temps de dépression.

Et voilà qu'au milieu de cette désespérance qui ronge le cœur, le Seigneur frappe à notre porte, pour nous dire : «*Je suis la Résurrection et la Vie*» (Jn 11,25). Jésus nous invite à revivre le mystère de sa Pâques, à quitter nos peurs, nos refuges et à faire face à la fatalité. L'Esprit Saint n'est pas un esprit de timidité, mais un esprit de force (2 Tm 1,7) et c'est lui qui emplit notre cœur d'espérance et de vie, à condition de mettre en lui toute notre espérance. C'est lui l'unique qui fait jaillir l'espérance dans notre cœur.

« "Espère dans le Seigneur". Ce n'est pas dans un être mensonger que tu espéreras, dans quelqu'un qui pourrait décevoir, qui aurait à se mettre en quête de lui-même de ce qu'il veut donner. Il est tout-puissant, celui qui a promis, il est véridique, il est fidèle. Espère dans le Seigneur, agis avec courage. Ne te laisse pas démonter, ne sois pas de ceux dont il est dit : malheur à ceux qui perdent la constance ; espère dans le Seigneur, cette parole s'adresse à nous tous, s'adresse comme à un seul homme… En espérant dans le Seigneur tu arriveras à le posséder, tu posséderas celui en qui tu auras espéré. » (En. in ps. 26, II, 23).

L'espérance est une force qui se trouve cachée entre les plis les plus intimes du cœur. Elle est source de vie. L'homme qui n'espère pas s'arrête de vivre. Le danger qui guette l'espérance est toujours la mort du désir. A ce moment-là, on n'a aucune envie de marcher, on s'arrête et on regarde en arrière.

« Souvenez vous de la femme de Lot. Déjà elle était sur le chemin, déjà elle était délivrée de Sodome, elle jeta un regard derrière elle ; où elle jeta ce regard en arrière, là elle resta ; elle devint une statue de sel (Gn 19,29), d'où vous pouvez tirer pour vous-mêmes un assaisonnement. En effet, elle vous a été donnée en exemple pour vous apprendre à avoir du cœur et à ne pas rester stupidement en chemin. Considérez cette femme qui a regardée en arrière, et, à l'exemple de Paul, avancez-vous vers ce qui est devant vous. Qu'est-ce que ne pas regarder en arrière ? C'est, dit l'Apôtre, "oublier ce qui est en arrière" (Ph 3,13). C'est ainsi que vous tendrez au terme, à la palme céleste à laquelle vous êtes appelés et dont, plus tard, vous vous glorifierez. Car le même apôtre dit encore : "Il ne me reste qu'attendre la couronne de justice, que le Seigneur, comme un juge plein d'équité, me donnera au dernier jour" (2 Tm 4,8) » (En. in ps. 69,9).

L'espérance est de faire route avec Jésus. Nous sommes en

route et Jésus ne cesse de nous dire : *« Viens, suis-moi. »* Jésus nous demande de faire route avec lui. Il éveille toujours l'espérance. Il nous faut donc nous laisser guider par lui, car nous laisser guider par Jésus est vivre dans l'espérance.

Il est certain que sur la route nous trouvons bien des difficultés. Nous marchons dans la vie comme la barque navigue sur la mer. Et sur la mer elle rencontre bien des tempêtes et les vagues se jettent sur elle. Dans notre vie il y a les orages du cœur, la solitude obligée, les trahisons qui se succèdent, les échecs qui se multiplient. Et nous passons par le découragement. Nous risquons de perdre toute espérance, mais sans espérance la vie se fait impossible.

> *« Dans notre pèlerinage, il nous faut l'espérance, elle est notre consolation dans le chemin. Quand la marche pèse au voyageur, il supporte toute sa fatigue, car il espère toucher un jour au terme. Enlevez-lui l'espoir d'arriver et vous briserez en lui la force de marcher »* (Ser. 158,8).

Mais au milieu de nos difficultés et de nos solitudes le Christ est toujours là, tout proche de nous. Il nous faut tout simplement savoir réveiller notre confiance en lui.

> *« "La barque était en danger sur le lac, et Jésus dormait" (Lc 8,23). Nous aussi nous naviguons sur un lac où ne manquent ni vents ni tempêtes ; les tentations quotidiennes de ce monde submergent presque notre barque. D'où cela vient-il, sinon de ce que Jésus dort ? Si Jésus ne dormait pas en toi, tu ne subirais pas ces tempêtes ; mais tu jouirais d'une grande tranquillité intérieure, parce que Jésus veillerait avec toi. Que veut dire ceci : Jésus dort ? Ta foi en Jésus est en sommeil. Les tempêtes du lac se soulèvent… C'est que Jésus dort, je veux dire que ta foi en Jésus s'est endormie dans ton cœur. Que feras-tu pour être délivré ? Réveille Jésus et dis-lui : "Maître, nous périssons" (Lc 8,24). C'est que tout ce qu'il y a d'incertain sur le lac nous trouble ; nous périssons. Mais lui*

s'éveillera, c'est-à-dire que ta foi reviendra en toi... Tourne donc le dos à ce qui tombe, et tourne le visage à ce qui demeure. Quand le Christ se réveillera, la tempête ne secouera plus ton cœur, les flots ne submergeront pas ta barque, parce que ta foi commandera aux vents et aux flots, et que le danger s'éloignera » (En. in ps. 25, II, 4).

Jésus jette dans nos cœurs la semence de l'espérance, car l'espérance est un don qu'on nous accorde. On ne se donne pas à soi-même une espérance ; on la reçoit de Dieu. L'espérance est une semence qui commence à grandir pour produire des fruits. L'espérance n'est pas chercher pour chercher ou marcher pour aller nulle part. L'espérance est toujours espérer quelqu'un ou quelque chose.

Mais l'espérance, comme la semence jetée en terre, a besoin d'être accueillie et bien accueillie dans notre cœur, pour qu'elle y prenne des racines. Nous devons aussi la soigner, car elle risque d'être étouffée. L'espérance est une petite flamme qui demande beaucoup de vigilance.

> « *"Sa lampe ne cesse de briller dans la nuit". "On n'allume pas une lampe pour la mettre sous le boisseau" (Mt5,15). Tu allumes ma lampe, Seigneur. Notre lampe est notre espérance. A sa lumière tout homme travaille : tout ce qu'il fait de bon, il le fait guidé par l'espérance. Cette lampe brille aussi toute la nuit. Si nous espérons ce que nous ne voyons pas, c'est que la nuit dure encore en nous. Si nous ne voyons pas, plus encore si nous n'attendons plus rien, c'est vraiment la nuit pour nous et notre lampe est éteinte. Y a-t-il chose plus malheureuse que l'obscurité ? Or, pour ne pas nous décourager au milieu de l'obscurité et pour attendre avec patience ce que nous espérons sans le voir, que notre lampe reste allumée toute la nuit. Dieu qui nous accorde chaque jour sa Parole ne cesse pas non plus de remplir notre lampe d'huile pour qu'elle ne s'éteigne pas* » (Ser. 37,11).

Le fondement de l'espérance est l'amour, car l'espérance est bien plus qu'espérer quelque chose, elle est surtout espérer quelqu'un. L'espérance est la quête d'une rencontre. Là où cet amour manque, l'espérance se fait impossible. Dieu nous aime et Dieu ne cesse de nous inviter à aller vers Lui, à faire une rencontre avec Lui.

> *« Écoutez donc ce que dit le Seigneur : "Mon fils donne-moi ton cœur" (Pr 23,26). Oui, dit-il, donne-moi ; et quoi ? Mon fils, donne-moi ton cœur : il était mal placé quand il dépendait de toi, quand il était en toi, entraîné que tu étais par les bagatelles et tant d'affections coupables et dangereuses. Tire-le de là. Où le porter, où le mettre ? Donne-moi, dit-il, ton cœur. Qu'il soit à moi, et tu ne le perdras pas. Vois-tu, il ne veut rien laisser en toi qui puisse servir encore à t'aimer toi-même, celui qui te dit : "Tu aimeras le Seigneur ton Dieu de tout ton cœur, de toute ton âme, de tout ton esprit". Que reste-t-il encore de ton cœur pour t'aimer toi-même ? Que reste-t-il de ton âme ? Que reste-t-il de ton esprit ? De tout ton cœur, de toute ton âme, de toute ta pensée, nous dit le Seigneur. C'est tout entier que te veut celui qui t'a fait »* (Ser. 34,7).

Mais pour que l'espérance jaillisse dans notre cœur il ne suffit pas que Dieu nous aime, que Dieu nous offre son amour. Il nous faut aussi savoir accueillir cet amour de Dieu à notre égard.

L'espérance est donc une recherche, mais non pas une recherche dans le vide ou un chercher pour chercher. En elle nous cherchons Dieu. Espérer, pour nous, c'est nous identifier à Jésus. Or la vie, comme la mission de Jésus, n'est qu'une semence qui grandit au jour le jour jusqu'à ce qu'elle arrive à sa plénitude.

> *« "Père, ceux que tu m'as donnés, je veux que là où je suis, ils soient aussi avec moi" (Jn 17,24). Le Seigneur Jésus inspire*

ici à ses disciples l'espérance la plus grande qui puisse se concevoir. Écoutez, et soyez dans la joie que donne cette espérance qui fait que nous devons non pas aimer mais supporter cette vie. La patience vous sera ainsi plus facile au milieu de ces tribulations. Écoutez et considérez jusqu'où on élève nos espérances. Le Christ Jésus parle : le Fils unique de Dieu, coéternel et consubstantiel au Père, c'est lui qui parle. C'est la voie, la vie, la vérité qui parle ; celui qui a vaincu le monde, il parle de ceux pour qui il a vaincu le monde. Écoutez, croyez, espérez, désirez ce qu'il dit : "Père, ceux que tu m'as donnés, je veux que là où je suis, ils soient aussi avec moi" (Jn 17,24)... Or, il est impossible que le Père tout-puissant n'accomplisse pas le désir exprimé par son Fils tout-puissant... » (In Joh. ev. 111,1).

Le manque d'espérance, le découragement dans notre vie, trouve sa racine dans l'oubli de Jésus. Nous risquons toujours de perdre de vue Jésus. A ce moment-là, nous mettons nos espoirs dans de nombreuses idoles que nous nous donnons. Nos idoles sont comme les divinités cananéennes du peuple d'Israël. Mais Israël, grâce aux prophètes, retrouve sa confiance dans l'avenir. Aujourd'hui, peut-être plus que jamais, nous devons faire l'analyse de nos espoirs : Qu'espérons-nous ? Qui espérons-nous ? Nous ne devons jamais oublier que notre espérance n'est pas née dans notre cœur, mais dans le cœur de Dieu, et Dieu continue à nous dire : *« Ceux qui espèrent en moi n'auront point de honte »* (Es 49,23).

L'espérance est vraiment espérance dans la mesure même où elle est vivante, c'est-à-dire créative. Et notre espérance sera vivante si notre amour de Dieu est vrai. L'amour donne vie au cœur. C'est l'espérance qui fait naître Dieu dans notre cœur.

Prière :

« Seigneur Dieu, donne-nous la paix, puisque tu nous as tout donné, la paix du repos, la paix du sabbat, la paix qui n'a point de soir. Car toutes ces belles choses "très bonnes" et

si bien ordonnées passeront, une fois atteinte la limite que tu leur as fixée. Elles auront leur soir comme elles ont eu leur matin. Or, le septième jour n'a pas de soir, il n'a pas de coucher, car tu l'as sanctifié pour qu'il dure éternellement. Et le repos que tu as pris le septième jour, une fois accomplies tes œuvres très bonnes, encore que tu les as réalisées en pleine quiétude, nous est un signe donné d'avance par la voix de ton Livre : nous aussi, une fois accomplies nos œuvres, qui ne sont très bonnes qu'en tant que tu l'as permis, nous nous reposerons en toi, dans le sabbat de la vie éternelle. Et alors tu te reposeras en nous, tout comme aujourd'hui tu agis en nous. Notre repos sera ton repos en nous, comme nos œuvres sont tes œuvres par nous… Certaines de nos œuvres sont bonnes, par ta grâce il est vrai, mais non pas éternelles ; après elles, nous espérons nous reposer dans ta sublime sainteté. Mais toi, Bien qui n'a besoin d'aucun bien, tu es toujours dans le repos, parce que ton repos c'est toi-même… Et l'intelligence de tout cela, qui parmi les hommes pourra la donner à l'homme ? Qu'on te demande à toi, que l'on cherche en toi, qu'on frappe chez toi. Ainsi, ainsi l'on recevra, ainsi l'on trouvera, ainsi la porte s'ouvrira » (Conf. XIII, 35,50-38,53).

BIBLIOGRAPHIE

Œuvres de saint Augustin

– *Œuvres de saint Augustin*, texte latin, traduction française et notes explicatives, coll. « Bibliothèque Augustinienne », Éd. Les Études Augustiniennes, Paris.

– *Œuvres complètes de saint Augustin*, traduction de M. Raulx, Bar-le-Duc 1864-1873.

– *Œuvres complètes de saint Augustin*, traduites par MM. Péronne, Écalle, Vincent, H. Barreau, Paris 1872-1878.

– *Les Plus beaux sermons de saint Augustin*, traduits par G. Hameau, Paris 1986.

– *Commentaire de la première Épître de saint Jean*, traduction de P. Agaësse, SC 75, Paris 1961.

– *Sermons pour la Pâque*, traduction de S. Poque, SC 116, Paris 1966.

Sélection bibliographique

– A. Besnard, *Saint Augustin. Prier Dieu. Les Psaumes*. Paris 1982.

– A.-M. La Bonnardière (sous la direction de), *Saint Augustin et la Bible*, Paris 1986.

– F. Cayré, *La Méditation selon l'esprit de saint Augustin*, Paris 1934.

– J. García, *Expérience de Dieu et Communauté. Suivre le Christ à l'école de saint Augustin*, Paris 1994.

– G. Madec, *La Patrie et la Voie. Le Christ dans la vie et la pensée de saint Augustin*, Paris 1989.

– G. Madec, (sous la direction de), *Augustin. Le message de la foi*, Paris 1987.

– Marie-Ancilla, *La Charité et l'Unité. Une clé pour entrer dans la théologie de saint Augustin*, Paris 1992.

– H.-I. Marrou, A.-M. La Bonnardière, *Saint Augustin et l'augustinisme*, Paris 1955.

– M. Neusch, *Augustin. Un chemin de conversion*, Paris 1986.

– O. Perler, *Le Pèlerin de la Cité de Dieu*, Paris 1957.

– H. Rondet, Ch. Morel, M. Jourjon, J. Lebreton, *Saint Augustin parmi nous*, Le Puy-Paris 1954.

– F.-J. Thonnard, *Traité de vie spirituelle à l'école de saint Augustin*, Paris 1959.

– A. Trappe, *Saint Augustin. L'homme, le pasteur, le mystique*, Paris 1988.

– M.-A. Vannier, *Saint Augustin et le mystère trinitaire*, Paris 1993.

– M. Vincent, *Saint Augustin, maître de prière, d'après les « Enarrationes in Psalmos »*, Paris 1990.

TABLE DES MATIÈRES

CET OUVRAGE
A ÉTÉ REPRODUIT
ET ACHEVÉ D'IMPRIMER
PAR L'IMPRIMERIE FLOCH
À MAYENNE EN JANVIER 2001
POUR LE COMPTE DES
ÉDITIONS NOUVELLE CITÉ
37, AVENUE DE LA MARNE
92120 MONTROUGE

ISBN 2-85313-343-5.
N° d'impr. 50582.
D. L. : janvier 2001.
(Imprimé en France)